直播电商运营实战指南

定位策划、拍摄剪辑与引流变现

余亚容 主编

中国纺织出版社有限公司

内 容 提 要

随着移动互联网的迅猛发展，短视频、直播行业迎来了飞速发展阶段。与此同时，短视频、直播成为传统电商转型的重要突破口。本书共六篇：第一篇，从了解新媒体知识出发，让读者真正认识短视频、直播与新媒体之间的关系；第二篇，全面认识短视频、直播，并了解其相关规则与算法推荐；第三篇，事无巨细地阐述账号注册、养号技巧，以及相关服务功能的开通流程；第四篇，介绍如何做好短视频拍摄前的各项定位与内容策划工作；第五篇，手把手传授短视频拍摄及剪辑的详细方法和技巧；第六篇，全面解开短视频引流增流以及实现多样化变现的密码。本书内容系统性强，语言通俗易懂，案例丰富翔实，力求让每一位读者看得懂、学得会、用得巧。

图书在版编目（CIP）数据

直播电商运营实战指南.定位策划、拍摄剪辑与引流变现 / 余亚容主编. ——北京：中国纺织出版社有限公司，2024.4

ISBN 978-7-5229-1446-6

Ⅰ.①直⋯ Ⅱ.①余⋯ Ⅲ.①电子商务—运营管理—指南 Ⅳ.①F713.365.1-62

中国国家版本馆CIP数据核字（2024）第042801号

责任编辑：曹炳镝 段子君 于 泽　　责任校对：高 涵
责任印制：储志伟

中国纺织出版社有限公司出版发行
地址：北京市朝阳区百子湾东里A407号楼 邮政编码：100124
销售电话：010—67004422 传真：010—87155801
http://www.c-textilep.com
中国纺织出版社天猫旗舰店
官方微博 http://weibo.com/2119887771
河北延风印务有限公司印刷 各地新华书店经销
2024年4月第1版第1次印刷
开本：710×1000 1/16 印张：15.5
字数：190千字 定价：57.00元

凡购本书，如有缺页、倒页、脱页，由本社图书营销中心调换

随着移动互联网的迅猛发展，短视频、直播行业迎来了飞速发展阶段。各种短视频、直播平台不断涌现。与此同时，短视频与直播也成为全民娱乐性消费的焦点。在巨大商机的驱使下，无论是普通人还是各大企业，抑或是明星名人，都在短视频与直播带货的赛道纷纷试水，追逐流量红利，摸索属于自己的成功之路。

当下，短视频、直播已经成为人们生活中休闲娱乐、日常购物不可分割的一部分。视频化、直播化内容也成为当前人们进行娱乐和打发碎片化时间的重要方式。在营销领域流传着这样一句话："用户注意力，才是营销的焦点。"的确，用户在哪里，流量就在哪里，收益就在哪里。如果一个品牌凭借短视频或直播斩获了几十万甚至上百万粉丝，就相当于拥有了一棵"摇钱树"。只要运营方法、营销方法得当，让生意火爆起来也不是难事。

短视频、直播电商营销模式给电商经营者带来了一条新的引流、变现渠道，在一定程度上缓解了流量压力、突破了销量瓶颈。但无论营销模式如何变化，短视频、直播电商运营最根本的还是内容。内容是流量的源泉，是销量的基石。如果你的短视频、直播内容不够精彩、不够独特、不能让受众喜欢，那么一切流量与销量都与你无关。

那么，优质账号如何构建？爆款短视频该怎么做？如何拍摄与剪辑？怎样引流和变现？这些都是要精准掌握的内容，而本书将为你解答这些问题。本书共六篇：第一篇，从了解新媒体知识出发，让读者真正认识短视频、直播与新媒体之间的关系；第二篇，全面认识短视频、直播，并了解其相关规则与算法推荐；第三篇，事无巨细地阐述账号注册、养号技巧，以及相关服务功能的开通流程；第四篇，介绍如何做好短视频拍摄前的各项定位与内容策划工作；第五篇，手把手传授短视频拍摄及剪辑的详细方法和技巧；第六篇，全面解开短视频引流增流以及高效变现的密码。

  本书内容系统性强，结构安排循序渐进，语言通俗易懂，操作事无巨细，案例丰富翔实，力求让每一位读者看得懂、学得会、用得巧。阅读本书，你会发现，其实做爆款短视频实现引流变现并不是难事。只要方法正确、技巧得当，你同样可以抓住短视频电商这个巨大的风口，将自有品牌做大做强，成就属于自己的一番事业。

  本套直播电商运营实战丛书得以出版，要特别感谢以下编委会成员的大力支持：秦宗红（中国国际贸易促进委员会商业行业委员会委员、校企合作标准化技术委员会专家委员、中国名特优商品直播中心主任、重庆播星网络科技集团有限公司董事局主席）、熊天生（重庆市丰都县职业教育中心校长）、刘红（重庆市云阳县职业教育中心校长）、肖红梅（重庆市农业学校高级讲师、副校长）、李杨（重庆市农业学校高级讲师、科长）、秦宗友（重庆传媒职业学院五年一贯制学院副院长）、秦尉淞（重庆市涪陵创新计算机学校副校长）、熊钰萍（重庆市丰都县职业教育中心计算机专业部主任）。希望这套书的出版能帮助更多人做好直播事业，实现自己的直播梦想！

余亚容
2023 年 10 月

引子：直播电商时代已来

短视频、直播是获取流量最便宜的方式 / 2

短视频、直播赋能电商实现商业价值最大化 / 3

"短视频+直播电商"引领新消费，成资本新宠 / 4

第一篇　媒体之变：新媒体时代带来传播要素的嬗变

第一章　走进新媒体 / 9

新媒体的概念及类型 / 9

新媒体的五大特点 / 11

新媒体与自媒体的区别与联系 / 12

新媒体比传统媒体"新"在哪里 / 14

第二章　新媒体与短视频、直播 / 17

短视频、直播已成传播的主流方式 / 17

短视频与直播是新媒体时代的新风口 / 19

短视频、直播，新流量的下一站 / 21

第二篇 短视频、直播爆红：短视频、直播时代已来

第三章 正确认识短视频与直播 / 25

短视频、直播的概念与特点 / 25

短视频、直播的发展阶段 / 28

短视频、直播内容的类型与生产方式 / 29

短视频与长视频、微电影的区别 / 35

短视频与直播的关系 / 36

第四章 短视频平台规则及算法推荐 / 39

基本规则 / 39

审核机制 / 40

算法机制 / 43

推荐逻辑 / 45

第五章 平台直播规则与制度 / 47

基本行为规则 / 47

基本语言规范 / 50

带货行为规则 / 51

带货语言规范 / 52

带货商品规范 / 53

主播服饰、道具规范 / 54

第三篇 基础操作：注册账号与开通服务功能

第六章 账号注册、包装与养号实用技巧 / 59

账号入驻流程 / 59

头像设置 / 63

昵称设置 / 66

背景图片设置 / 69

个人简介设置 / 72

个人资料设置 / 74

黄V、蓝V、经营角色认证 / 76

打造矩阵账号 / 82

做好养号提升账号活跃度 / 86

第七章　服务功能开通操作指南 / 89

抖音店铺开通及商品上架 / 89

橱窗开通及商品添加 / 97

"小黄车"开通及商品添加 / 99

精选联盟开通及商品添加 / 103

POI认领及商品添加 / 105

团购开通及商品添加 / 112

直播开通及商品上架 / 116

第四篇　定位与策划：打造爆款短视频、直播，助推营销变现

第八章　优质短视频、直播定位先行 / 125

平台定位：选择大于努力 / 125

账号定位：给用户一个关注你的理由 / 130

内容定位：好定位是好曝光量和销量的前提 / 132

用户定位：知己知彼，百战不殆 / 134

场景定位：好的场景更能提升用户停留时间 / 137

风格定位：让账号形象更立体 / 142

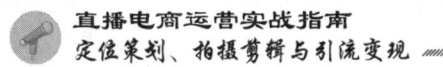

第九章　爆款短视频内容策划与构思 / 145

内容原则：原创性、专业性、创新性 / 145

内容选题：选题巧、受众广、共鸣强 / 148

内容构思：有价值、有互动、有个性 / 151

内容布局：节奏好、结构佳、逻辑强 / 155

第五篇　拍摄与剪辑：全流程加工打造视觉盛宴

第十章　短视频拍摄前期准备 / 161

拍摄前脚本策划与准备 / 161

组建内容制作团队 / 165

专业拍摄设备准备及选择 / 167

内容制作必备专业剪辑神器 / 170

场地选择与场景布置 / 176

第十一章　高品质短视频拍摄与制作 / 179

拍摄运镜：高级感画面更易使作品出圈 / 179

画面构图：和谐唯美的画面带来视觉盛宴 / 181

光线运用：巧用光与影的艺术增强画面质感 / 187

色彩搭配：给视觉艺术作品注入灵魂 / 190

封面制作：有效激发用户观看兴趣 / 193

标题生成：爆款标题让人过目不忘 / 195

文案撰写：快速提升短视频吸睛能力 / 198

第十二章　爆款短视频剪辑与优化 / 201

视频剪辑：精美作品源自精心剪辑 / 201

作品片头：巧借黄金前三秒吸引用户 / 202

作品片尾：精彩收尾加强观感体验 / 204
字幕添加：有益于用户理解和记忆 / 206
背景音乐：渲染氛围，传递不同情绪 / 208
视频时长：用最适合的时长表达最完整的内容 / 210

第六篇 引流变现：引流是过程，变现才是终极目标

第十三章 作品增流上热门的秘密 / 215
指标权重：作品上热门的有效途径 / 215
正确发布：把控时间和频率增加曝光量 / 217
凸显标签：引爆话题带来精准曝光 / 219
抖音"DOU+"：付费推广将作品推荐给更多用户 / 221
平台挑战活动：趣味挑战让作品爆发式传播 / 223

第十四章 短视频带货多样化变现玩法 / 229
直接"种草"产品 / 229
剧情演绎植入 / 231
才艺展示中植入 / 232
借使用场景植入 / 233
产品组合侧面烘托 / 234
实体店铺导航引流变现 / 235

引子：
直播电商时代已来

近年来，电商领域出现了一个十分明显的趋势，那就是直播电商的崛起。众多品牌纷纷涌入直播电商赛道，从元老级别的电商平台——淘宝，到后起之秀——快手、抖音等短视频平台，都有品牌通过直播引流、变现的身影。这也释放出一个信号：当下直播电商已经成为一种品牌攻城略地的重要渠道，是大势所趋。

短视频、直播是获取流量最便宜的方式

随着短视频行业的不断兴起及直播板块的不断发展，短视频与直播已经成为人们生活和娱乐的一种重要消遣方式。

短视频平台的特点是以娱乐内容为主，并在此基础上为人们提供更多的内容服务。不知何时起，人们无论是吃饭的时候，还是排队的时候；无论是上下班在地铁上的时候，还是晚上睡前的时候，都会拿出手机刷刷朋友圈小视频、刷刷抖音小视频，甚至在发现自己感兴趣的内容时，如搞笑内容、炫技内容、知识内容等，还会向自己的好友发链接推荐。这些已经成为时下人们日常生活和社交的一部分。

因此，短视频和直播平台上聚集了大量用户，这让短视频、直播成为品牌营销过程中的重点投入领域。从品牌的角度来讲，流量即王道。顺应流量趋势变化，实现营销变革，才能牢抓流量红利，从公域流量经营转向私域流量经营。

与传统的流量获取方式不同，短视频、直播凭借优质内容，使其具有天然的、免费的引流吸粉能力。与传统的"烧钱"买流量相比，短视频、直播是更便宜获取流量的方式。

短视频、直播赋能电商实现商业价值最大化

近年来，直播带货几乎成了品牌营销的标配，从互联网到传统品牌，从知名打牌到小众品牌，从网络红人到品牌名人，从专业主播到网络素人，在直播电商新模式中都能看到他们的身影。直播电商俨然成为一个全新的"风口"。

直播电商如此火爆，除了因为短视频、直播准入门槛低，使得短视频、直播平台上聚集着大量免费流量，隐藏巨大商机，还有以下三个原因：

第一，短视频、直播电商，兼具"内容电商"与"社交电商"的属性。品牌能够借助短视频、直播内容这样的全新社交语言，让主播和粉丝之间建立起相互信任的关系，拉近彼此间的距离。由此更好地为品牌吸粉引流，并深度影响粉丝的购物决策，直接推动粉丝行为转化为消费购买行为。

第二，基于短视频和直播，品牌营销的内容形式从图文到长视频，到短视频，再到直播，内容形式多样化，传播形态多元化，为电商领域的广告投放打开了新格局。通过短视频、直播的生动解说和宣传，产品广告更加深入人心。

第三，短视频和直播最明显的功能就是"互动"。短视频和直播有很多互动功能，除了点赞、评论、分享，用户还可以在直播间进行及时、精准的问答互动。这样的互动，使消费者仿佛置身商家店铺询问导购一般，与传统电商相比，消费者能够更好地获得重视感和尊重感，获得身临其境的购物体验，由此激发了消费者的购买热情。

总之，短视频、直播作为一种新型电商变现渠道，实现了商业价值最大化。

"短视频+直播电商"引领新消费,成资本新宠

在短视频、直播逐渐与电商接轨后,短视频电商、直播电商在各个平台快速成长,不但淘宝等电商平台开启了直播电商时代,而且抖音、快手等短视频平台开始向"短视频+直播电商"模式转型。"短视频+直播电商",成为电商和社交平台转型的风向标。

"短视频+直播电商"以极快的速度向零售业主流商业模式演进,由此也带来两方面的变化:

1. "短视频+直播电商"引领新消费

以前的电商主要通过文字和图片的形式实现。随着互联网和5G技术的发展,"短视频+直播电商"模式出现,并逐渐成为当下主流的消费方式。

首先,"短视频+直播电商"改善了消费条件,创新了消费场景,拓展了销售互动方式,提升了购物体验,用寓购买于娱乐的方式满足了年轻消费人群边看边玩边消费的全新消费需求。

其次,"短视频+直播电商"在注重品牌传播的基础上,还重视消费文化的传播,在有效激活新消费需求,增强消费升级方面成为重要的"助推器"。

最后,"短视频+直播电商"还衍生出了诸多新业态、新营销模式,引领新消费,为经济发展增添了新动力。

2. "短视频+直播电商"成资本新宠

有很多知名品牌在"短视频+直播电商"刚一出现时就洞察出其背后隐藏的巨大商机,开始试水"短视频+直播电商"模式。那些敢于"第一个

吃螃蟹"的品牌在尝到甜头后，零售业的大中小企业以及实体店铺商家、网红、明星等纷纷加入直播电商生态体系，一场声势浩大的电商变革正在进行中。"短视频＋直播电商"成了资本新宠，也成了各个品牌进军市场的一条全新赛道，品牌更是投入大量人力、物力、财力到这个全新赛道，实现品牌声誉、收入的双丰收。

无论对于大品牌还是名不见经传的商家来讲，变现才是生存和持续发展的根本。如今，直播电商时代已来，谁能够抓住这波风口，谁便抓住了造富机会，谁能探索适合自身优势发展的营销模式，谁便能在市场竞争中走得越好、走得越远。

第一篇
媒体之变：新媒体时代带来传播要素的嬗变

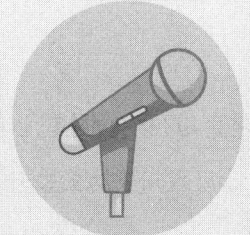

第一章 走进新媒体

科技的不断发展促进了时代的变迁，也使媒体时代发生了翻天覆地的变化。新媒体就是科技发展的产物。进入新媒体时代，我们与新媒体走得越来越近，也深切感受到了新媒体所展现出来的无穷魅力。走近新媒体，我们将获得对新媒体更加全面和深入的认知。

新媒体的概念及类型

互联网的高速发展使新媒体时代出现，也使旧的媒介形态发生了变化和延展。虽然新媒体已渗入我们身边的点点滴滴，但很多人对新媒体并不是十分了解。

那么什么是新媒体呢？新媒体由哪些要素构成呢？

1. 新媒体概念

新媒体是与传统媒体相对的一个概念。新媒体的定义是：利用数字技术、网络技术、移动技术、无线通信网络、卫星网络等，以及电脑、手机、数字电视等终端设备，为用户传输信息，提供娱乐服务的媒体形态。

新媒体可以说是一种数字式信息符号传播技术。结合新媒体的定义，我们不难发现，新媒体的实现需要具备以下要素：

（1）相应的技术做支撑

新媒体是一种以先进技术为基础才能实现的传播形态，其得以实现的技术基础包括数字技术、网络技术、移动技术、无线通信网络、卫星网络等，通过有线或无线的方式进行信息传播。

（2）多样化呈现形式

新媒体内容以声音、文字、图形、视频等多种形式呈现，具有跨媒体、跨时空信息传播的特点，还具有传统媒体无法比拟的互动性。

（3）多元化终端设备做载体

在传输设备上，新媒体也呈现出多元化的特点，无论是电脑、手机还是数字电视，都可以成为传输的重要载体。

2. 新媒体类型

新媒体一般分为四大类型：

（1）手机媒体

手机媒体，顾名思义，就是借助手机作为传播工具的媒体形式。如手机报纸、手机电视、手机游戏、手机App及各种手机移动网络客户端等。手机媒体是网络媒体的延伸，具有携带方便的优势。

（2）新型电视媒体

新型电视媒体，是指从演播室到发射、传输、接收的所有缓解都使用数字电视信号，或者所有的信号都通过由0和1数字串所构成的数字流来传播的电视类型。如数字电视、IPTV、移动电视、楼宇电视等都属于新型电视媒体的范畴。

（3）互联网新媒体

互联网新媒体是指在互联网上出现的一种全新媒体形式。如微博、微信、抖音、快手、知乎、头条、网络动画、网络游戏等，都可以诠释为互联网新媒体。

（4）户外新媒体

户外新媒体，就是以液晶电视为载体，在楼宇、公交、地铁、列车、航空等场所进行信息传播的一种媒体形式。如楼宇电视、公交电视、地铁电视、列车电视、大型LED屏等。

这些新媒体贯穿于我们的日常生活，对我们的生活产生了潜移默化的影响。

新媒体的五大特点

新媒体的特点主要体现在：

1. 及时性

新媒体传播速度非常快，一个突出的特点就是及时性。用户可以借助手机、电脑或其他终端设备快速发布和及时接收信息。

2. 人性化

新媒体实现了信息传输与接收的人性化。不同的用户对信息的使用习惯、偏好等有所不同，新媒体则满足用户的个性化需求，为用户提供个性化服务。除此以外，在接收信息的同时，人人都可以成为信息的输出者，可以定制具有自身特点和喜好的信息内容。

3. 超时空性

新媒体时代，人们不再受到时间和空间限制，可以随时随地通过新媒体在任何有网络通信覆盖的地方实现来自地球任何一个角落信息的传输。简言之，只要互联网、移动互联网覆盖的地方，在任何时间都可以搜索信息、查阅信息、发布信息。

4. 内容多元化

新媒体的内容形式呈现多元化特点，可以是文字、图片，也可以是音频、视频、直播等，而且这些多元化内容形式之间还可以相互融合，有效提高了信息传输的广度和宽度。

5 信息交互化

相较于传统媒体，新媒体具有超强的沟通力，用户可以通过相应的功能渠道直接沟通并及时互动。

新媒体的这些特点为所有人和企业提供了更好的传播途径。如果你有这方面的知识储备和专业技能，就可以借助新媒体为自己的职业和事业带来更大的发展空间。

新媒体与自媒体的区别与联系

新媒体和自媒体，两者之间只有一字之差，很多人对新媒体和自媒体的理解模糊不清。事实上，两者之间是有一定区别及联系的。

1. 新媒体与自媒体的区别

新媒体与自媒体的区别体现在以下五个方面。

（1）概念不同

新媒体是新的媒体，是相对于报纸、杂志、电视、广播等传统媒体而言的。如门户网站（网易、新浪等）、新闻客户端（腾讯新闻等）、网红直播平台等。

自媒体是属于自己的媒体，即个人或小团队开通的媒体号，如微信、微博、头条号等，是相对于大众媒体、公共媒体而言的。

（2）运营方式不同

新媒体主要是借助企业官网、公众号打造企业品牌形象，运营面向的受众是订阅者和用户。

自媒体主要是用各种个人账号来打造个人品牌形象，运营所对应的受众是粉丝用户。

（3）来源不同

新媒体，如门户网站、视频网站等，其内容通常是由其平台自己生产的。

自媒体账号的内容都是由个人或小团队自己打造的。

（4）模式不同

新媒体本质上是一个给用户提供信息交流和互动的平台，通过会员费、广告位、信息费等盈利模式来赚取收益。

自媒体主要是前期通过运营账号来打造个人IP，增加用户黏度，在粉丝用户积累到一定程度后，通过软文、广告等方式赚取利润。

（5）流量不同

新媒体平台上聚集的都是属于平台的流量，即公域流量。

自媒体账号聚集的都是属于账号主的私人流量，即私域流量。

2.新媒体与自媒体的联系

从严格意义上来说，自媒体包含在新媒体当中，自媒体是通过新媒体平台实现的。

新媒体与自媒体之间既有区别，又有一定的联系。如果把新媒体平台比作土壤，那么自媒体平台就是树木，要明确区分两者之间的区别。

新媒体比传统媒体"新"在哪里

随着互联网、移动互联网的全面普及，新媒体与传统媒体已经成为人们获取信息的两大主要途径。新媒体与传统媒体相比，新媒体的"新"主要体现在以下五方面：

1. 形式新

与传统媒体相比，新媒体的一个突出特点就是内容以数字化形式呈现。传统媒体则主要使用非数字化方式呈现内容。

2. 技术新

传统媒体主要通过广播或印刷方式为用户提供信息，而新媒体则主要通过互联网技术、数字技术、移动技术、无线通信网络、卫星网络等前沿技术提供信息。

3. 模式新

在全新技术的推动下，新媒体历经多次变革，从传统媒体的报纸、无线电等，演化为如今的微信、微博、抖音、快手、头条等，实现了媒体模式的创新。

4. 媒介新

传统媒体中，内容传播媒介通常是电视、广播、线下广告等，这些媒介往往是固定的。新媒体基于互联网、移动互联网技术，使内容传播媒介呈现出移动性特点，人们可以通过当下的移动传输设备，如手机、笔记本、平板电脑等实现随拍、随传、随看。

5. 力量新

传统媒体时代，信息传输的参与者往往是官方、权威机构等。大众只能是信息接收方，被动接收各种信息内容。新媒体时代，互联网、移动互联网将社会组织的各个部门、群众主体等加以串联，使广大普通群众成为媒体内容的主要输出者和接收者。广大民众，包括企业在内，都成了更加自由的信息参与和信息表达的全新主体力量，享有自我录制、自我宣传的权力，这是社会的发展和进步，也给了更多人新的机会。新媒体改变的不只是单一的某个人，而是整个世界。每个人都可以借助新媒体创造属于自己的美好未来。

新媒体与传统媒体相比，发生了翻天覆地的变化，各种"新"的表现也显而易见，这是新媒体优于传统媒体的根本原因。

第二章　新媒体与短视频、直播

时代在变，媒体呈现形态也在不断发生变化。短视频、直播是新媒体在历经多次演变后的产物。新媒体与短视频、直播之间是一种包含与被包含的关系。短视频、直播是新媒体内容呈现的两种不同渠道让新媒体内容变得更具娱乐性。

短视频、直播已成传播的主流方式

随着移动互联网的普及，新媒体行业的发展也走上了一个新高度。短视频、直播作为新媒体领域的全新产物，凭借其移动性、互动性而在新媒体内容生态领域占据一席之地，成为当下媒体传播的主流方式。

短视频、直播成为媒体传播的主流方式，究其原因，主要在于以下四个方面：

1. 融入科技，更具创新性

随着大数据、云计算、人工智能、区块链、5G等前沿技术的不断发展，短视频、直播作为当下的主流媒体，也开始逐渐与这些新兴技术不断融合并进一步加强。新兴技术为短视频、直播赋能，所带来的创新与变革显而易见。

以虚拟主播为例。当前，有不少直播间的主播是以AI虚拟主播的形象出现的，如新华社的3D版AI合成主播"新小微"、化妆品牌欧莱雅的虚拟主播"欧小蜜"、完美日记打造的虚拟主播"Stella"等。这些虚拟主播大多是由真人扮演的，借助面部捕捉与动作捕捉技术，将真人的表情与动作同步映射到AI虚拟形象上，就可以使虚拟主播拥有像真人一样的动作、表情、语言，并与观众实时互动。

2. 填补了人们的碎片化时间

新媒体时代，人们的时间逐渐变得碎片化，人们在候车和乘车时、吃饭时、午休时、逛街休息时、看电影前、睡前都有一段短暂的时间可以自由支配，这些时间段的特点是短暂且琐碎，都属于碎片化时间。

短视频之所以"短"，就在于其与长视频相比，时长较短，一般有15秒、30秒、1分钟、3分钟、5分钟等时长。与长视频相比，在体量上有"轻"的特点，正好迎合人们的碎片化时间特点，有效填补了人们的碎片化时间，能实现"易于传播""适于传播"，也为成为主流传播方式埋下了伏笔。

3. 契合当下人们的生活化认知

出生在互联网、移动互联网时代的年轻一代是实实在在的"网络原住民"。他们易于接受新鲜事物，能够更好地适应当前新媒体时代的信息传播方式。短视频、直播已成为当下人们日常生活中的一部分，已经逐渐被生活化。而且短视频、直播更加注重内容传递、分享情感、情绪、日常等，这些往往给人以亲切感、生活感，因此能很好地获得广大用户的喜爱和青睐。

4. 张扬个性化创意

每个人都有自己的个性，每个人也都有表达自我心声的权力。短视频、直播则恰好为每一个人提供了一个表达自我、张扬个性的方式。为此，在短视频平台、直播间，我们能看到众多极具创意性、视觉性、知识性、情感性的内容。而这些富有创意的内容也迎合了那些"期待创意"用户的观看期待，提升了用户黏度。这些期待和黏度又在一定程度上增加了个性、创意内容的产量和质量。由此，形成了良性循环。

以上这些原因是短视频、直播成为"爆点"的重要因素，也促成了短视频、直播成为当下传播方式。

短视频与直播是新媒体时代的新风口

任何一个新事物的出现都会在第一时间吸引各领域行业巨头的极大关注。随着新媒体的发展进入短视频、直播时代，各行业巨头又纷纷转向短视频和直播领域追逐红利，使短视频、直播成为新媒体时代的新风口。

纵观全局，短视频、直播吸引广大行业巨头群雄逐鹿，将短视频、直播推上风口的根源，主要在于以下五个方面：

1. 用户需求成为原动力

用户是王道。任何新鲜事物，只有满足用户需求，才能得到更好的发展。用户需求可以说是短视频、直播生存和发展的原动力。

首先，随着5G、高清大屏等技术和硬件配置的不断普及，以及网速的提升、流量资费的优化，新的传播介质出现成为必然。短视频、直播相比以往的图文内容，能够给用户带来既丰富又直观的信息。这提升了用户的观看热情和黏性，在用户需求的推动下，使得短视频、直播迅速成为国民级应用。

其次，短视频、直播具有社交属性，实现了信息传播者与接收者之间的双向互动。同时满足了用户通过分享的方式来展示自我、寻求关注的心理诉求。

2. 优质 IP 是核心竞争力

在新媒体创业热潮下，内容形式多种多样，但优质 IP，即好内容，则是稀缺资源。短视频、直播更加注重内容的打造，"做好内容，才能吸粉吸金"，这已经成为行业共识。

短视频、直播平台更加注重对原创内容的扶持，有原创内容的短视频、直播也能够获得更多的收益。除专业生产内容（Professional Generated Content，PGC）之外，凡是有能力的用户，都可以通过用户产生内容（User Generated Content，UGC）的方式自制内容，打造原创视频，以此构建属于自己的优质 IP，在商业化道路中取胜。

3. 多渠道曝光有效扩大影响力

短视频、直播还具有一个十分突出的特点，就是实现了与微信、朋友圈、QQ、QQ 空间等的互联互通。用户可以将短视频、直播通过这些渠道进行多维度曝光。

4. 盈利途径多元化

对于任何一个生意人，获得高回报才是终极目标。短视频、直播的盈利途径多种多样，可以是广告变现，也可以是电商变现；可以是知识付费变现，也可以是打赏变现；可以是流量变现，也可以是指派广告变现等。这为各类企业甚至是个人提供了很好的盈利变现方向。

5. 能与各行业相互融合

短视频、直播不仅代表一个非常特殊的行业，有其独立的领域，同时又能与各行各业相互融合。无论是零售业，还是财经、体育、教育、美食、运动、时尚、美妆、旅游等多个垂直领域，都能与短视频、直播很好地挂钩，通过短视频、直播可以为各行业带来流量和销量。

总之，短视频、直播能够成为新媒体时代的新风口，受到各领域的追捧，并不是偶然。如今，短视频、直播风潮正盛，已经成为各领域发展的重要赛道。

短视频、直播，新流量的下一站

短视频、直播的发展蒸蒸日上，日活跃人数不断攀升，各个主流短视频、直播平台也已经实现从最初的纯娱乐属性到具有社交、文化传播、商业变现等多功能和多身份的转型。与此同时，短视频、直播也由此收获了规模庞大的新流量。

据中国互联网络信息中心发布的第52次《中国互联网络发展状况统计报告》数据显示：截至2023年6月，我国网民规模为10.79亿，其中，短视频的用户规模增长最为明显，达10.26亿；网络直播用户规模达7.65亿，再创新高。

短视频、直播能够斩获如此多的新流量，是因为：

1. 多维创新，带来创新体验

短视频、直播通过技术创新、内容创新、服务创新，为用户带来了全新的体验感受。有创意才更能吸引用户，由此短视频、直播凝聚了更加注重创新体验感的年轻用户。

2. 注入情感，调动用户情绪

短视频、直播中往往会融入情感因素，这是决定短视频、直播成败的一个重要环节。通过给短视频、直播内容中注入情感，做到让观众感到愉悦，然后又能对故事进行延伸，不但能引起受众产生情感共鸣，还能让受众产生价值认同。这样的内容最能打动用户，快速占领用户心智，因此能够聚集一大批流量用户。

3. 场景代入，营造轻松氛围

短视频、直播更加注重场景的代入，这样可以营造出更加轻松的氛围感，让用户感觉观看短视频、直播是一种十分放松的休闲方式。每个人都喜欢沉浸在一种放松、休闲的生活当中，短视频、直播恰好能给广大用户带来他们想要的氛围感。这也是短视频、直播能够聚集大规模流量的原因之一。

4. 精准推荐，实现精准引流

短视频、直播具有强大的内容推荐机制，可根据用户喜好，精准匹配用户的兴趣点，给用户分发他们感兴趣的内容。这样，短视频、直播内容就实现了精准引流，实现了流量的快速增长。

短视频、直播开启了新流量时代，而以上四点则是短视频、直播的流量密码。

第二篇
短视频、直播爆红：短视频、直播时代已来

第三章　正确认识短视频与直播

如今，短视频、直播逐渐趋于移动化、资讯化和社交化，并且由此使短视频、直播营销成为目前众多品牌获得盈利的一项重要利器，使得当下短视频、直播异常火爆。正确认识短视频与直播，对于借助短视频、直播走上商业化之路大有裨益。

短视频、直播的概念与特点

当前，短视频和直播成为热门传播形态，而且行业由增量市场转向存量市场，短视频与直播行业的发展超乎想象。

1. 短视频、直播的概念

究竟什么是短视频，什么是直播？

（1）短视频的概念

短视频，即短片视频，是在各种新媒体平台上播放的，适合在移动状态和短时间休闲状态下观看的一种视频内容形式。短视频是相对于长视频而言的一种互联网内容传播形式。

（2）直播的概念

直播是指利用互联网和流媒体技术进行信息实时、直观地传输和播放。

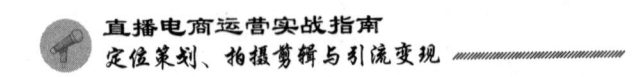

如电商直播、才艺直播等,通过真实生动的传播,营造出强烈的现场感,给人留下深刻印象和持久记忆。

2. 短视频、直播的特点

短视频与直播是新媒体的两种不同形态,其表现出来的特点也有所不同。

(1) 短视频特点

短视频的特点有以下两点:

①门槛低

与传统视频相比,短视频的制作过程简单,只要用一部手机,就能完成拍摄、制作、上传和分享。因此,人人都可以成为短视频的创作者。

②内容短

短视频的时长从 15 秒到 5 分钟不等,内容也十分丰富,能够很好地满足用户的碎片化观看需求。

(2) 直播特点

直播具有以下三个特点:

①实时性

直播的核心特点就是实时性。依赖于 5G 网络实时性特点,直播的延迟控制在 1~3 秒,保证用户进入直播间看到的是实时画面。

②真实性

相比其他媒体的传播方式,直播没有剪辑,没有加工,直播的时候是什么内容,用户看到的就是什么内容,从而保证了直播的真实性,更容易获得用户的信任。

③现场感

直播的时候,用户就像走进直播间现场一样,可以获得现场空间的感受,也可以获得时间上的同步体验。

（3）短视频与直播的共同点

除以上特点外，短视频与直播还有一些共同点：

①成本低

用一部手机就能完成短视频制作与直播，因此短视频制作与直播成本相对较低。这对于那些中小微企业、个人来讲，是其提升知名度、提升盈利水平的好方式。

②传播快

短视频、直播具有分享功能，能够通过用户分享，将短视频、直播分享到各个平台，实现快速传播与裂变。

③娱乐性强

短视频和直播最初的功能就是用于娱乐和消遣，娱乐性强是二者的共性。

④互动性强

无论是短视频还是直播，除了具有分享功能，短视频还有评论、点赞等功能，直播还有用户与主播现场问答互动功能。这些都体现出了二者的强互动性。

⑤精准性强

短视频和直播各自都有自己的一套推荐机制，精准找到目标用户，然后根据用户喜好将短视频和直播智能推荐给用户，实现精准匹配。

总之，短视频和直播内容形式多样化，可以以图文、视频、主播现场解说的方式进行，是一种实时互动的社交与娱乐方式。二者还可以以价值内容将人与人、人与商业进行关联，从而实现价值内容商业化。

短视频、直播的发展阶段

在互联网、移动互联网时代下，短视频、直播已经成为人们口中的高频词汇。并且依托于短视频、直播，衍生出很多相关新词汇，如：短视频、直播营销，短视频、直播创业，短视频、直播带货等。伴随着这些新词汇出现的是短视频和直播经历的不同发展阶段。

1. 短视频发展阶段

短视频的发展经历了四个阶段。

（1）第一阶段：萌芽阶段（2011~2013年）

在萌芽阶段，新媒体平台基于自己的原始产品形态衍生出短视频功能，给用户带来了一些新奇的体验，但此时并没有形成市场规模。比如，2012年，快手转型为为用户记录生活、分享生活的短视频社区；2013年，腾讯推出微视短视频。

（2）第二阶段：成长阶段（2014~2015年）

在成长阶段，各大短视频平台不断涌现。在这个阶段，短视频迅速发展，产品功能不断完善，分发渠道逐渐多元化，市场规模不断扩大。

（3）第三阶段：爆发阶段（2016~2017年）

在爆发阶段，以抖音、快手为代表的短视频平台受到互联网资本的青睐，一场围绕短视频领域的争夺战正式打响。

（4）第四阶段：成熟阶段（2018年至今）

在成熟阶段，短视频行业朝着内容精细化、规范化的方向发展，也催生了各种玩法，商业变现的模式也逐渐走向成熟，市场格局趋于稳定。与此同时，各领域企业纷纷入驻短视频平台，与短视频平台联手合作创收益。

2. 直播发展阶段

直播在发展过程中经历了以下四个阶段：

（1）第一阶段：初创阶段（2005~2014年）

在初创阶段，各种秀场直播、游戏直播、体育直播、生活直播平台纷纷涌现，主要通过唱歌、跳舞、游戏讲解、体育讲解、生活分享等娱乐性内容来吸引用户。如六间房、YY语音、斗鱼、虎牙、花椒等直播平台。

（2）第二阶段：成长阶段（2014~2017年）

在成长阶段，对直播进行了重要规范，从娱乐化向内容化转型，快手、抖音等短视频平台也上线直播功能，由此很多短视频平台开始向直播领域迈进。

（3）第三阶段：爆发阶段（2017~2019年）

抖音、快手等短视频平台于2017年兴起，素人主播、丰富内容吸引用户关注。

（4）第四阶段：成熟阶段（2019年至今）

网红直播间的火热将电商直播平台推至行业风口。中国在线直播行业进入多维发展、多强并行的成熟阶段。

随着5G的加速推广，进入直播电商百花齐放时代，直播从内容化向商业化转型，正式进入成长阶段。无论是电商平台（如淘宝等），还是短视频直播平台（如抖音、快手等），都开启了直播电商功能，并融入了很多新玩法，各品牌纷纷借助直播电商获得收益。

短视频、直播内容的类型与生产方式

短视频和直播在内容类型与生产方式上也有所不同。

1. 内容类型

（1）短视频类型

短视频内容类型有以下八种：

①搞笑类

搞笑类内容，是十分常见的内容题材。这类短视频包括讲笑话、情景喜剧、恶搞、失误画面拍摄等。无论哪种搞笑类内容，都能给人带来欢乐。

通常，搞笑类短视频需要具备三个条件：

第一，有笑点。搞笑类短视频以搞笑为目的，有笑点才能让观众开心。

第二，有"梗"点。"梗"点其实就像是相声里"抖包袱"一样，在平实、自然中，"抖"出惊人的一句话、一个表情、一个动作都可以成为"梗"点，博得观众开心一笑。

第三，有反转。在观众认知的剧情里，突然出现反转，可以在不经意间推出一个搞笑的结局，这样能够使整个短视频剧情充满戏剧化色彩。

②美食类

民以食为天。"吃"在人们的生活当中占据着十分重要的地位。美食类短视频展现舌尖上的美味，对于每个人来说都是极大的"诱惑"，能吸引人们围观。

在打造美食类内容的过程中，需要满足以下条件才算成功：

第一，色香味俱全。虽然是以短视频形式向用户呈现美食，但是制作的美食一定要有"色相"，给用户在视觉上营造一种"美味"的感觉，才能吸引用户观看。

第二，制作技巧展示。因为美味，所以用户更想知道美食的做法。向受众展示美食制作的相关技巧和步骤，可以更好地激发受众的学习兴趣。

③生活技巧类

人们在生活中或多或少会遇到一些难题和困难，并急需得到有效的问题解决方法。生活技巧类短视频最能吸引用户的地方就是"实用"。

生活技巧类短视频制作要点如下：

第一，从实际出发。这类短视频一定要从实际出发，不要远离大众生活。

第二，从实用出发。实用性强的生活技巧能够帮助用户解决在实际生活中遇到的困难，从而让其有顺利解决问题的愉快体验。

④时尚美妆类

爱美之心，人皆有之。时尚美妆类视频是大多数女性所喜爱的内容。通过向受众传输一些美妆技巧，可以让她们变美，成为想要的样子，自然能吸引受众的喜爱。

时尚美妆类成功吸引用户的原因在于：

第一，教程细致。这类短视频通常"手把手"教受众学习变美技巧，即便没有美妆经验的人也能从零开始学会。

第二，前后对比明显。这类短视频一步步教授技巧，还能在受众面前很好地展示妆前妆后对比效果，让更多的人喜欢上短视频内容。

⑤个人才艺类

个人才艺类短视频，主要是以才艺输出来吸引受众。包括声乐、舞蹈、书法、传统工艺、戏曲等。

个人才艺类短视频的制作要点在于：

第一，有出色的才艺。很多人都有才艺，但真正吸引人的还是那些超乎人们想象的才艺，比如能够惊艳每个人的歌声等。

第二，有特殊的才艺，人人都会的才艺难以引起受众观看兴趣，那些特殊的才艺才更吸睛。比如极为考验功底的戏曲表演等。

⑥清新文艺类

生活在喧嚣闹市的人们更加向往回归自然，更加憧憬慢下来的田园生活。清新文艺类短视频通常以田园生活为素材，给人一种唯美、淡雅的艺术气息。

清新文艺类短视频的特点是：

第一，小众。这类题材风格清新、画面唯美，给人一种纪录片的感觉。相比于那些大城市喧嚣的题材，更显小众化。

第二，文艺气息浓郁。这类短视频，在拍摄田园生活的时候还会融入文化、习俗、传统等，使得整个画面展现出浓浓的文艺风。

⑦影视解说类

影视界说类短视频就是对当下热门电影、电视剧或者优秀老剧进行剪辑，并配上相应的文案进行生动解说。

影视解说类短视频吸引用户的关键在于：

第一，精良的剪辑。这类短视频通常将剧情的主线和精髓剪辑出来并呈现给受众，同时能保证情节的完整性。

第二，独特的风格。这类短视频在解说的过程中，往往通过有较高辨识度的声音、有趣的文案打造出属于自己的解说风格。

⑧路人访谈类

路人访谈类短视频，即随机采访路人，提出一些问题，让路人回答。

这类短视频的特点是：

第一，话题贴近民生。路人绝大多数是素人，有关民生的话题才是大众所关心的，这类话题才是吸引民众参与访谈的原因。

第二，话题有争议性。有争议性的话题才更有看点，这也是路人访谈引人关注的根本。

（2）直播类型

直播内容类型五花八门，有以下七种：

①秀场直播

秀场直播，顾名思义就是在直播间展示自己的才艺和过人之处。

秀场直播的关键在于：展示自己优于他人的技能、才艺等。这样的直播内容更具吸粉能力。

②体育直播

体育直播通常是对体育赛事进行实时直播。

体育直播的关键在于：直播风格突出。体育赛事要想吸引人，就需要主播有属于自己的直播风格，可以通过幽默的解说语言、抑扬顿挫的解说节奏等进行风格塑造。

③游戏直播

游戏直播是专门玩游戏，并对游戏进行讲解的直播。游戏直播同样是一种竞技直播形式。与体育直播不同的是，体育直播的场所是运动场，游戏直播的场所是在电脑前。

游戏直播的特点是：主播不但现场解说游戏，还十分注重与用户的实时互动，在直播间分享竞技经验，与用户相互学习和交流。

④生活直播

生活直播就是主播分享自己的日常生活，可以是开心的事情、也可以是难过的事情，可以晒萌娃，也可以晒萌宠等。

生活直播的特点是：直播场所不受限制，可以在室内，也可以在户外。走到哪里播到哪里。重点是向受众分享自己的生活点滴。

⑤教育直播

教育直播就是将线下教育场景搬到线上，将线上作为知识分享的主战场。

教育直播的特点在于：

第一，跨越空间。传统教育只能在线下教室完成，开通直播后，学生可以足不出户实现在线学习。

第二，现场打赏。与传统教育相比，教育直播过程中，学生对于讲解认真、思路清晰的主播，可以通过打赏的方式表达对主播的认可。

⑥活动直播

活动直播，即企业为了新产品上市而举办的发布会直播，或者为了给自

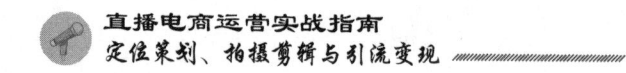

身做宣传、提升品牌形象而举办的直播，也可以是峰会、论坛等形式的活动直播。

活动直播的核心特点是：注重氛围感。通常活动直播的内容比较重要，可有效激发集体想象力和集体情绪，有一种强烈的集体凝聚力。

⑦电商直播

电商直播在近年来发展速度迅猛，有着广阔的市场前景。当下，以淘宝为代表的电商直播平台逐渐兴起并形成规模，电商直播所蕴含的巨大商业潜力。

电商直播的特点是：非常注重直播带货场景的打造，用户在直播间可以边看边买，犹如在线下实体店一般。

2. 内容生产方式

短视频和直播都离不开内容的推动。短视频和直播有着相同的内容生产方式，主要有以下三种：

（1）PGC

PGC即专业生产内容，是指平台专业用户创作并上传内容。专业用户指的是拥有粉丝基础的网红，或者具有某一领域专业知识的关键意见领袖。

（2）UGC

UGC即用户生产内容，是指用户将自己原创的内容上传到短视频、直播平台，向受众展示内容。

（3）BGC

BGC即品牌生产内容，是指品牌方内部成员产出内容，包括品牌故事、企业文化等，并上传到短视频、直播平台。

短视频与长视频、微电影的区别

很多人对于短视频、长视频、微电影的了解比较模糊。这里对三者做简要的区分。

1. 短视频与长视频的区别

短视频与长视频相比，有许多共同点，但也有各自的特点。短视频与长视频的区别在于：

（1）内容时长不同

短视频播放时长通常是15秒到5分钟。长视频的播放时长一般不低于5分钟。

（2）内容生产的成本不同

短视频拍摄工具简单，拍摄时长也短，拍摄条件灵活，具有低门槛的特点，其成本较低。长视频内容生产周期长，对拍摄工具、拍摄速度、拍摄人员的专业度等都有严格的要求，因此生产成本很高。

（3）消费形式不同

对于短视频来讲，所有的消费也随着用户的时间碎片化而变得碎片化。换句话说，短视频是为了满足消费者的碎片化时间需求而打造的。对于长视频来讲，用户需要消耗大量时间，没有时间，长视频资源也就难以形成消费。

2. 短视频与微电影的区别

短视频与微电影有所不同。

（1）内容时长不同

短视频的播放时长较短。微电影虽然也是通过互联网新媒体平台传播的，同样适合在移动状态和短时间休息状态下观看，但其播放时间比短视频长，通常是几分钟到1小时不等。

（2）内容生产的门槛不同

短视频只需要一部手机就可以完成，制作流程简单、门槛低、参与性强。微电影在拍摄设备、资金、团队配置、流程、内容完整性与专业性等方面都比短视频的要求要高。

（3）内容制作目的不同

短视频制作的目的虽然包含商业化成分，但并不一定都是为了变现，还包含一定的娱乐成分。微电影是在电影的基础上衍生出来的小型影片，具有完整、细致的故事情节，制作的目的就是实现商业化。

短视频与直播的关系

短视频与直播是两种不同的内容表现形式，有的短视频平台开通了直播功能，实现了优势互补。具体而言，短视频与直播的关系如下：

1. 短视频与直播是融合共生关系

当前，一个非常明显的趋势就是短视频与直播的关系越来越趋近。很多短视频平台开辟了直播功能，同样很多直播平台也接入了短视频的流量入口。短视频与直播之间的相互融合变得更加深入，两者之间有着天然的共生关系。

2. 短视频与直播形成商业互补关系

短视频与直播都是重在内容。如今，"短视频负责种草，直播负责带货"已经成为共识。短视频经过多年的积累，已经形成了一整套完整的运作模式。直播成为短视频之后的新风口，很多短视频平台，如抖音、快手，可通过优质的短视频内容种草,将用户直接引流到带货直播间进行产品销售,实现了短视频引流、直播转化。可以说短视频和直播是一对形影不离的"伴侣",在商业上构建起了牢固的商业互补关系,因此产生了很好的商业效果。

总体来说,短视频和直播两者充分发挥各自的长处,相互助力,形成强有力的"组合拳",为商业的发展注入了活力。

第四章　短视频平台规则及算法推荐

用户每天上传到短视频平台的作品内容五花八门，这些作品能否成为热门作品，关键是短视频平台上的运营规则和算法推荐。清楚短视频平台规则及算法推荐，才能知道如何让短视频作品传递给更多用户，获得更多的曝光量和流量。本章以抖音24.0.0版本为例阐述。

基本规则

在着手做短视频之前，一定要提前了解短视频平台的基本规则，这样才能在后续的运营过程中做到有的放矢。

那么短视频平台有哪些基本规则呢？

1. 一卡一号

一卡一号，即一部手机、一张电话卡、一个短视频账号。短视频平台通常可以注册多个账号，但要求必须一卡一号。需要注意的是，使用时，多个账号之间不要随意更换、频繁切换账号，否则系统可能会判定你的账号为僵尸号。

2. 禁止搬运

短视频平台从来都主张原创视频。抄袭、搬运行为不仅损害了原创作者的权益，而且对平台氛围产生了一定的不良影响。那些抄袭、搬运他人素

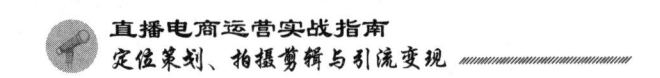

材，内容涉及非原创、无创作素材的短视频，违反平台规则。

那么如何判定抄袭、搬运行为呢？以下行为是需要避免的：未经他人允许，将他人发布的内容保存下来，上传至自己的账号；无版权、无授权转载平台内或平台外的内容；录屏电视或电影、体育赛事、综艺节目正在播放的内容，没有经过任何加工上传至自己的账号，或者未经剪辑仅添加背景音乐，以及几段素材拼接，仅添加上下边框、文字、贴纸等简单进行二次创作的视频，直接发布在自己账号；出现平台之外的水印、特效等元素。

以上行为如果被平台核查到，账号就会被限流。因此，自食其力做原创内容才是账号能够走得长远的根本。

3. 禁止引流站外

在评论区、个人主页、视频标题、视频内容中不得引流站外。比如不得出现"关注公众号搜索×××""+V：×××""扣扣""薇"等字眼。

4. 禁止互粉互赞

对于新人账号，很多用户为了让作品火，会与其他人互粉互赞。但很多短视频平台是禁止这种做法的。比如，抖音对于互粉互赞的账号会给予降权处置。

5. 禁止刷粉刷赞

对于刷粉刷赞行为，很多短视频平台是禁止的。特别是一些新注册的账号，平时作品没有播放量，突然点赞量暴增。这样的情况显然存在违规操作行为。

审核机制

短视频被成功上传后，还需要经过后台系统的进一步审核，审核通过的短视频才能在短视频平台发布，让用户看到。

1. 审核方式

短视频平台上每天有大量创作者发布视频，平台为了进行规范，就会设定审核机制，将一些不符合要求的视频过滤掉。短视频平台目前都有双重审核机制，分别是：

（1）机器审核

短视频平台会设置人工智能系统来识别每一条上传的短视频，对每一帧画面的内容包括文字、动作等细致审核，以便过滤违规短视频。如果被识别为违规视频，则短视频作品可能会被系统降低推荐、删除，或只能自我可见。

（2）人工审核

对于机器筛选出来的疑似违规作品，或者那些机器无法直接判定违规的短视频，系统则会将其推送给人工审核。人工审核，主要是对短视频标题、封面、视频关键帧进行详细审核。如果确定违规，则会直接删除视频，或者向创作者发送降权通告，甚至直接将创作者账号封禁。

2. 审核规则

短视频平台的审核规则通常有如下两个方面：

（1）内容准则

短视频平台对于内容的要求如下：

①画质清晰

短视频平台要求画质越清晰越好。如果条件允许，可以使用专业设备拍摄，这样画面更加清晰。最好选择 4K 像素，其次是 1080P、720P 像素。

②无水印

如果用手机拍摄短视频，则要使用手机的原相机拍摄，不能带有水印、标志，如果有，需要用其他软件处理。

③音质好

要注意录制环境，环境过于嘈杂会影响短视频音质效果。

④背景干净

录制时,背景不要出现任何公司名称和标志。如果不慎录制进去,要在后期剪辑过程中做处理。

⑤竖屏

在拍摄时尽量选择16∶9的竖屏,这样有利于平台系统对短视频作品做流量推荐。如果录制过程时是横屏,在后期剪辑过程中最好处理为竖屏。

⑥封面字幕

字幕要符合视频风格,便于用户观看,统一的封面和字幕可以增加播放量。

⑦文案

文案要符合短视频内容,引导用户点赞、关注。可以"@+相关话题以及账号"的方式融入文案,以此增加播放量。

(2)行为准则

在行为方面,各短视频平台做出了严格规范。

第一,视频中不应含有违禁物品,如易爆物品、管制刀具、毒品等。

第二,对于恶意曝光他人隐私的行为,包括地址、电话、二维码、微信等严格禁止。

第三,对于封建迷信行为,包括算命算卦、宣传伪科学或反科学常识的严格抵制。

第四,对于赌博、非法集资等行为严格抵制。

第五,对于过于暴露、不雅及色情行为强烈抵制。

第六,对于视频中出现的侮辱、谩骂、诋毁他人等不文明行为严格抵制。

第七,对于冒充官方人员散布谣言的行为要杜绝。

3.审核时间

机器审核和人工审核都需要时间,通常会在上传后1~3分钟完成审核。

如果短视频在发布后没有显示审核通过，也没有获得系统的流量推送，可能是因为作品中出现了敏感元素。如果已经通过审核成功发布的短视频，后来又需要再次审核，可能是作品被用户举报了，需要尝试重新审核。审核流程见图4-1。

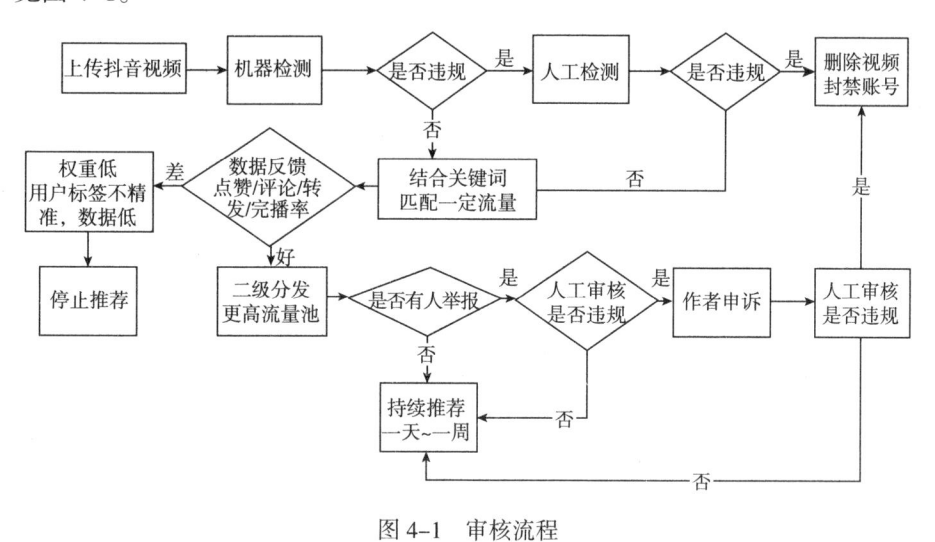

图 4-1 审核流程

算法机制

每一个短视频平台都有一个算法机制，了解这个算法机制，对于更好地运营短视频账号大有裨益。

1. 算法的概念

"算法"简单来讲就是一套评判机制。这套机制对内容生产者和内容接收者都有效。在短视频平台上无论内容生产者还是内容接收者，其每一个动作，对于短视频平台来讲都像一个指令，平台系统会根据用户的行动，或者说"指令"来对账号的性质做出判断，并将账号分为：优质用户、沉默用

43

户、丢失用户、可挽回用户等。另外，平台系统通过算法还会判定短视频账号是否有违规操作。如果判定有，则会将账号关进"小黑屋"。如果判定为优质账号，平台就会给予账号相应的扶持。

2. 算法的作用

算法对于短视频平台最大的作用，就是管理自己平台上的用户数据，并根据用户数据逐渐完善和改进平台功能。

算法对于内容生产者的作用在于，平台系统会根据你的视频内容为你的视频打上标签，如美妆、美食、搞笑等，可以通过明确算法规则，从而推算出你的账号是专注于哪一类型的短视频内容。

对于内容接收者来讲，平台系统会根据用户对短视频账号的关注，以及作品的点赞、评论、转发和完播率这些数据，判断用户可能感兴趣的方向，为其打上兴趣标签，并根据标签为其匹配感兴趣的内容。

总之，算法就是为内容生产者匹配精准用户，为内容接收者匹配感兴趣的内容。抖音的算法推荐机制见图4-2。

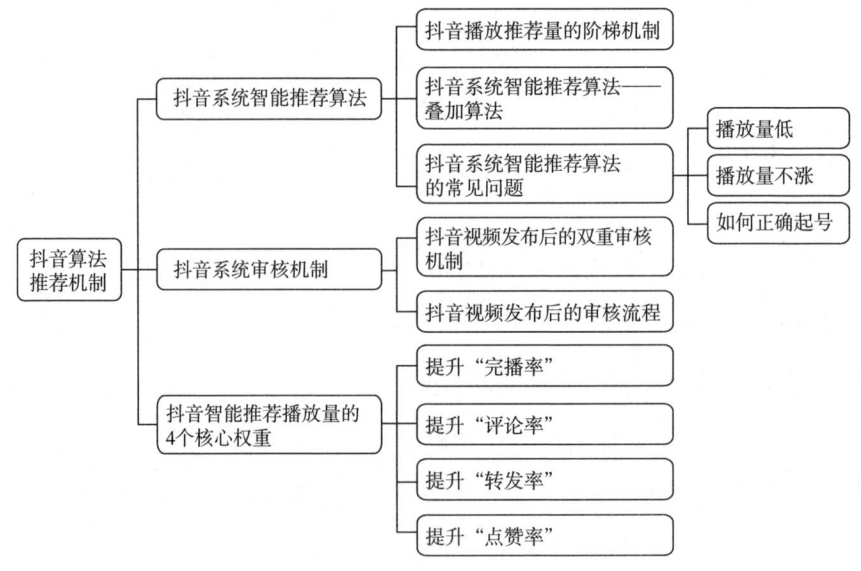

图4-2 抖音的算法推荐机制

推荐逻辑

用户上传到短视频平台的视频作品是要经过平台为用户推荐的，以此提升作品的曝光量，吸引更多的流量。

短视频平台是通过算法实现作品与用户的精准匹配的，那么短视频平台在将作品推荐给用户有什么推荐逻辑呢？现以抖音为例详细阐述。

1. 智能推荐

在抖音上发布的每一个短视频作品都有一个流量池，无论是刚开通的新号还是已经运营了一段时间的老号，都有一个流量池。作品的传播效果取决于其在这个流量池中的表现。视频流量分配主要是面向"附近"和"关注"的用户，还会结合用户喜好标签发放。简单来说，就是通过前期的算法机制将短视频内容推送给对这类标签内容感兴趣的用户。这种推荐逻辑即根据内容和用户标签推荐，因此称为智能推荐。智能推荐下，作品进入初级流量池。初级流量池通常会有200~500人的流量。

整个推荐过程中，是一个去中心化的过程，抖音对于每一个账号用户都会给予公平的引流机会。

2. 叠加推荐

短视频作品在进入初级流量池后，系统会根据初级流量池中的这200~500人对作品的反应来评估作品是否优质。而其评估内容包括这200~500人是否完整观看该作品、是否对该作品点赞、评论、分享，以及是否通过该作品关注了你。

当系统根据这些人对你的账号所产生的关注量，以及对作品所给予的点赞量、评论量、转发量和完播率判定作品受欢迎时，就会将作品推荐到更大的流量池。通常，一条短视频发布1小时内播放量达到5000以上，并且点赞数高于100、评论数高于10条，系统就会将作品推荐给下一级流量池。反之则不会再次推荐。

以此类推，可以将你的作品进行多次、叠加推荐，使其进入更高一级的流量池当中。通常，不同等级的流量池中所容纳的流量数量是不同的，等级越高，流量池中的用户数量越多。

初级流量池：200~500的流量；

二级流量池：3000的流量；

三级流量池：1.2万~1.5万的流量；

四级流量池：10万~12万的流量；

五级流量池：40万~60万的流量；

六级流量池：200万~300万的流量；

七级流量池：700万~1100万的流量；

八级流量池：标签人群推荐，3000万以上的流量。

3. 热度加权

抖音还从点赞数、评论数、转发数、完播率四个方面进行层层热度加权。那些能够成为热门短视频的作品，通常其点赞数、评论数、转发数、完播率会处于遥遥领先的状态。这是因为短视频在点赞数、评论数、转发数、完播率这四个维度的一层层热度加权带来的结果。

通常，各项数据对热度权重影响程度依次为：播放量（完播率）>转发量>评论量>点赞量。

第五章　平台直播规则与制度

直播行业的兴起带来了众多直播平台的诞生。但无论哪一个直播平台，主播在直播过程中都要明确相关规则与制度。守规矩、守底线，主播才能追寻到属于自己的"诗和远方"。本章以抖音24.0.0版本为例阐述。

基本行为规则

俗话说："无规矩不成方圆。"做直播，一定要遵守平台规则，否则在直播的过程中会发现处处碰壁，处处有阻碍。因此，在玩转直播前，明确直播平台规则很重要。

那么主播通常在直播平台需要遵循哪些基本规则呢？这里以抖音直播为例。

1. 禁止违规开播

抖音平台禁止以下常见违规开播行为，包括：

第一，禁止多平台、多账号直播。对于多平台、多账号直播行为，平台严格禁止，但企业蓝V号除外。

第二，禁止未成年人直播。抖音平台为了保护未成年人，不允许未成年在抖音直播间出镜。

第三，禁止黑名单主播直播。

第四，禁止主播以各种形式冒充平台官方或平台工作人员开播。比如禁止以个人名义发布一些对平台不利的信息及言论误导其他用户，扰乱平台秩序。

第五，非本人实名认证不允许开播。现在，主播入驻抖音直播不需要挂靠任何机构，也取消了之前的粉丝要求，只要主播进行实名认证，就可以开通直播。

第六，禁止代开直播、借号直播。

2. 禁止发布抹黑平台的信息

抖音平台禁止直播发布抹黑平台信息，包括：

第一，严禁主播冒充官方发布虚假不实信息。

第二，禁止任何主播解读平台规则、抹黑平台形象的行为。

3. 禁止发布网络黑色产业链相关内容

直播中严禁任何与网络黑色产业链相关的内容，这些内容借助互联网技术实施网络攻击、窃取信息等，包括：

第一，禁止不当牟利。比如汇集大量账号有偿恶意举报他人直播间，以提供账号解封等服务为借口，向创作者及主播实施诈骗等行为。

第二，禁止作弊。包括刷粉、操控评论、作弊抢红包等都属于作弊行为，抖音直播严令禁止。

4. 禁止恶意竞争

抖音直播禁止主播或直播公会恶意竞争。如个别公会利用超出市场水平很多的价格来诱导主播跳槽，同时恶意攻击、诋毁其他主播、公会，挑起事端等，这些都属于恶意竞争行为，严重扰乱了平台运营的正常秩序，严禁在直播中出现。

5. 常见违规行为

除以上基本行为规则外，还有一些常见的违规行为，需要主播明确和了解：

第一，严禁静态挂机。很多主播为了省事，就直接以挂机的形式去直播，如播放电影、视频录播、直播回放等，长时间不在镜头面前。自以为可以蒙混过关，但平台对这种行为是严格禁止的，不可取。

第二，严禁第三方引流。第三方引流会被认定为一级违规，即便平台小店客服引流，也会被视为第三方引流。

第三，禁止引流站外。平台不允许在直播间口播站外店铺、店铺名称、微信号等，严禁向站外引流。违反平台规则的，轻者会被限流，重者会被禁播。

第四，严禁诱导未成年人刷礼物。打赏是主播收入来源的一部分，但"君子爱财，取之有道"。不要为了赚取打赏而诱导未成年人刷礼物，否则会被禁播。

第五，严禁以任何手段虚构或篡改直播间人气、点赞量等数据，严格治理控评、刷榜、流量造假行为。

第六，严禁直播间出现暴力、恐怖、血腥等引人不适的内容。

第七，严禁宣扬邪教、民间陋习、违规信息等。

第八，严禁涉嫌违法违规行为，包括危害国家安全、泄露国家秘密、破坏国家统一、损害国家利益的行为；煽动民族歧视、破坏民族团结的行为；散布谣言，扰乱社会秩序、破坏社会稳定的行为；损害他人合法权益的行为；涉黄赌毒行为等。

第九，禁止直播间抽烟、喝酒等行为，包括抽烟、喝酒等行为的动作模仿。

基本语言规范

很多时候，主播在直播过程中会不经意间说出一些词汇，被平台判定为违规。了解直播语言规范，则会帮助主播避免很多违规的坑。

直播平台的语言禁忌有哪些呢？

1. 禁止使用不文明语言

很多时候，主播在直播过程中会不经意间说出一些词汇，被平台判定为违规的不文明语言。脏话及攻击他人的语言、谈论色情话题都被认定为不文明语言，包括：

第一，侮辱谩骂类。即带有辱骂性的负向词汇，损伤他人人格及尊严。

第二，词汇变体或隐喻类。指使用"外文"或其他隐喻类暗讽、影射他人。

第三，与"性"相关的词汇。如涉及生殖器官、性行为等的词汇。

在直播间，务必避免说脏话，即便自己骂自己也属于违规，有攻击对象，包括他人、官方等，情节更加严重。

2. 严禁使用迷信用语

那些带有暴力、赌博、迷信、恐怖、丑恶等意味的词汇，在直播间也是被禁止使用的。

3. 禁止使用民族、种族、性别歧视的语言

有关民族、种族、性别歧视的语言也是被严格禁止的。

带货行为规则

主播在直播间带货时，平台也出台了多项带货行为规则，对主播带货行为进行约束。一旦触及底线，则会受到平台的相应处罚。

1. 禁止口播没有的商品

禁止口播橱窗和购物车内没有的商品。

2. 禁止口头抽奖

对于口头抽奖行为，包括现场直播抽奖、直播间抽奖，平台也是严令禁止的。

3. 禁止演戏卖惨带货

有的主播为了获得更好的销量，会编造一些离奇的悲惨情节，上演因团队矛盾而降价的戏码。

比如：直播间为带货上演夫妻离婚，平台将封禁直播权限7日；假装破产甩卖，平台将关停商品分享功能。

4. 禁止私下交易导流行为

禁止在直播中引导用户加微信或QQ、给出联系电话等，禁止将客户引导到其他私域流量平台去交易。

5. 禁止上专拍链接

如果在商品详情页没有对商品的形状、质量等其他参数的精准描述，只在直播间上一个秒杀链接、福利链接、邮费链接、价格链接等专拍链接，平台会视其为违规操作。

6. 禁止诱导互动

直播间主播以口播、字幕或背景板宣传"要获得福利必须在直播间互动"的行为，就属于诱导互动行为。抖音平台是严令禁止这种行为的。

带货语言规范

平台要求主播带货过程中也要遵循相应的语言规范。主要包括以下四方面：

1. 禁止使用极限用语

对于夸大或虚假的商品宣传的极限词语，直播平台严格禁止。如"国家级""世界级""最高级""第一""唯一""number one""top one""顶级""首个""首选""国家级产品""填补国内空白""最新""首家""独家""最先进""金牌""名牌""优秀""顶级""全网销量第一""世界领先""顶级工艺""极致""永久""王牌""独一无二""史无前例""万能"等词汇。

2. 严禁夸大功能宣传用语

凡是超出商品功效范围，尤其是对化妆品、食品等商品功能、功效进行夸大宣传的用语，平台严格禁止。如"促进新陈代谢""减肥""防过敏""安神""养脑""降血压""活血""消除斑点""特效""强效""美白""毛发新生""防止脱发""吸脂""瘦脸""瘦身""××天见效""改善睡眠""雌性激素""雄性激素""细胞再生""延年益寿"等。

3. 禁止使用疑似欺骗用户的词语

抖音平台也是十分注重用户保护的，因此对主播使用疑似欺骗用户的词语的行为也给予严厉禁止。如"全民免单""点击有惊喜""免费领取""领取奖品"等。

4.禁止使用刺激消费的词语

在直播过程中,一些明显为了刺激消费的词汇是禁止使用的。如"秒杀""抢""再不抢就没了""不会再便宜了""万人疯抢"等。

带货商品规范

直播间并不是什么货都能售卖,通常直播间禁止售卖的商品包括以下内容:

1.法律明确禁止的商品

有很多违规商品是法律明确禁止售卖的,直播间同样禁止售卖这类商品。包括:仿真枪、弹药、军火以及仿制品;易燃易爆品,以及有毒化学品、毒品等;反政府、反人类等带有反动性质和破坏性质的信息;色情低俗用品等。

2.涉及隐私类商品

涉及隐私、人身安全类的商品是禁止售卖的,如窃听器、针孔摄像头等。

3.药品、保健品类商品

网络售卖的药品、保健品质量参差不齐,售假行为屡禁不止。为了保护消费者权益,抖音禁止售卖药品、保健品类商品。包括:各类药品,包括处方药和非处方药等;医疗器械,包括直接用于人体的仪器、设备、器具、诊断试剂等;保健品包含保健食品、保健药品、保健化妆品、保健用品等。

4.违法边缘类商品

很多商品游走在违法边缘,这类商品也是禁止售卖的。包括:非法服务、票证等;动物器官以及捕杀动物工具等;涉及盗取等非法所得以及非法用户软件、工具、设备等;未经国家允许的违规的或者不适合交易的商品。

5. 虚拟类商品

对于虚拟类商品，抖音也是禁止售卖的。包括：比特币等互联网虚拟币；酒店类商品或服务、票务；境内外旅行时代订服务等。

6. 重点监控类商品

对于平台重点监控类商品，一律不允许在抖音上售卖。包括：被媒体曝光过的具有负面性的商品；"三无"产品，以及被消费者投诉较高的商品；具有高风险的收藏品、工艺品等；可能给消费者人身安全带来危害的高危玩具。

7. 不符合平台风格的商品

抖音平台也禁止直播间售卖不符合平台风格的商品。包括：一切二手产品，包括二手车、二手房等；高仿类、侵权类及疑似假货类商品，明确以上带货商品规范，可以帮你避免踩雷。

主播服饰、道具规范

直播平台对主播的服饰也有着相应的规范和要求。尤其是很多舞蹈主播，极易因穿着不当被视为低俗舞蹈而判定为违规。掌握详细的服饰、道具规范，可以让主播避免违规。

主播服饰、道具规范包括：

1. 着装规范

着装方面的要求包含以下方面：

（1）上衣

女性禁止穿肉色、紧身、凸显胸部的上衣，以及大面积裸露腹部、肩膀的衣服。男性禁止上半身裸露出镜。

（2）下装

女性下装禁止穿着浅色、紧身裤、镂空装，以及过短或过薄的下装。男性禁止穿过短、过紧的下装。

（3）特殊服装

对于特殊服饰也有相应的规定。禁止穿紧身连体服装，如连体泳衣等。

（4）装饰

严禁暴露文身。

2.道具规范

很多主播在直播过程中会使用道具，抖音平台对直播道具也有一定的规范和要求。情趣道具就是严禁使用的道具。

第三篇
基础操作：注册账号与开通服务功能

第六章 账号注册、包装与养号实用技巧

如今，短视频、直播平台上注册的账号已经有很多，如何才能让你的账号在众多账号中脱颖而出并给受众留下深刻印象，是每一个账号运营者关注的话题。掌握有效的账号注册、包装、养号技巧，可以为你的账号有效加分。本章以抖音24.0.0版本的账号注册、包装与养号为例详细介绍。

账号入驻流程

在玩转短视频、直播之前，首先需要注册账号，这是你迈向成功的第一步也是最为关键的一步。

那么如何注册账号？有什么流程呢？这里以抖音24.0.0版本的账号注册流程为例。

1. 账号注册流程

（1）手机端

第一步：下载抖音App。

第二步：点击抖音App。

第三步：进入抖音界面后，点击右下方的"我"，进入账号设置。

第四步：勾选用户协议，输入手机号码。也可以在右下方点击"其他方式登录"，通过微信、QQ 登录。由于平台要求实名注册，而手机号具有唯一性，普及程度较高，使用手机号注册可以作为安全防护措施。

第五步：点击"获取短信验证码"，然后输入手机端收到的短信验证码。

第六步：点击"验证并登录"。抖音账号会在登录的同时完成注册。手机端的注册页面见图 6-1。

图 6-1　手机端注册页面

（2）电脑端

除了通过手机注册抖音账号，还可以通过电脑注册抖音账号。注册步骤如下：

第一步：电脑浏览器中打开抖音官网。

第二步：点击右上方的"登录"按钮。

第三步：在跳出的新窗口中，选择"验证码登录"，输入手机号码、验证码。

第四步：勾选"用户协议"，点击下方的"登录/注册"按钮即完成电脑端账号注册。电脑端注册页面见图6-2。

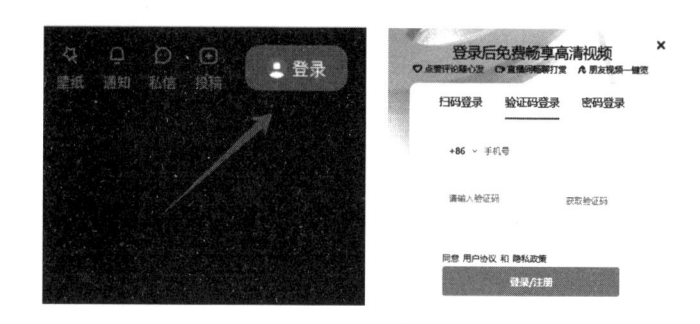

图6-2 电脑端注册页面

2.注册要点

账号注册流程中需要注意以下六点：

第一，一部手机在抖音平台上可以申请注册多个账号，但是一个手机号码只能注册一个账号。这里的手机号码一定是自己的，最好是自己常用的手机号码。如果已经用一个手机号码注册了一个抖音账号，还想再注册一个新账号，可以在账号主页点击账号昵称右边的倒三角"▽"符号，在跳出的新窗口中，点击"添加或注册新账号"，即可再次进入一个全新的账号注册页面，根据页面提示，勾选用户协议，填写全新的手机号码，输入验证码，点击"验证并登录"，即可完成新账号注册。

第二，注册账号后，不要频繁切换手机号码。

第三，账号开通后，绑定通讯录可以快速获得手机通讯录中的好友的关注，由此可以获得第一批粉丝用户。

第四，如果注册的账号想要做企业、商家账号，那么注册账号时，建议使用手机移动网络注册，不要使用很多人正在同时使用的WiFi注册。因为系统会准确地识别用户的手机设备属性与使用环境，共用公司同一个WiFi进行多号注册会被系统识别，后期很有可能会因为一个账号而影响其他账号，导致集体封号等情况。

第五，同一天不要使用相同手机、网络进行二次抖音账号注册，避免被系统判定为恶意批量注册。

第六，不建议通过各种渠道购买抖音账号。购买的抖音账号虽然具备了一定的基础流量，但我们不确定所购账号历史使用情况及违规情况，存在被封号的危险，甚至会在使用过程中失去对账号的控制权。

3.开通企业号

想要开通企业号，就必须先注册。在注册账号后，开通企业号的流程如下：

第一步：打开手机客户端抖音App，点击右下方的"我"。

第二步：点击右上方的"≡"，然后点击"抖音创作者中心"。

第三步：在新页面中点击"全部"，在"进阶服务"中找到并点击"企业号开通"。

第四步：当前版本的企业号开通是免费的，因此，只要在"同意并遵守""关注@企业号小助手@企业号推荐管@DOU+好生意"之前打钩，并点击"0元试用企业号"。

第五步：页面跳转后，需要根据提示和要求上传营业执照，点击"去上传"。在"上传营业执照"页面，将填写行业分类、公司注册地、公司经营地，上传企业营业执照，最后在"同意并遵守"前打钩，点击"提交"。开通企业号的流程见图6-3。

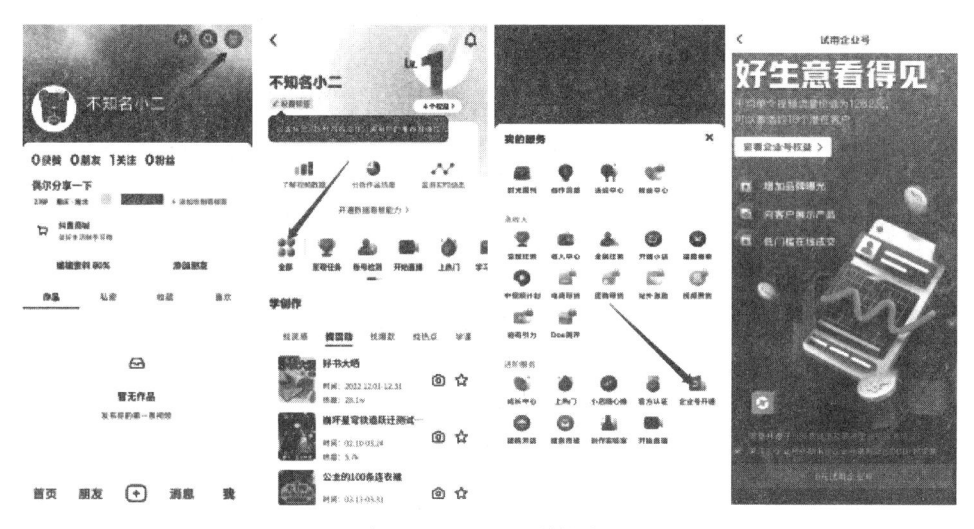

图 6-3 开通企业号的流程

头像设置

在账号注册后,接下来的重点工作就是完善账号资料。头像设置是第一步。

头像是可以给受众留下第一印象,是账号的个人 IP,也是品牌的符号。如果头像设置得好,不但可以展现你的良好形象,还会让受众产生较高的信赖度。

1. 头像设置流程

具体如何设置头像呢?见图 6-4。

第一步:点击抖音 App,进入抖音界面。

第二步:切换到"我"的界面,点击个人头像,点击"编辑个人资料"。

第三步:进入边界页面,点击头像,点击"更换头像"。

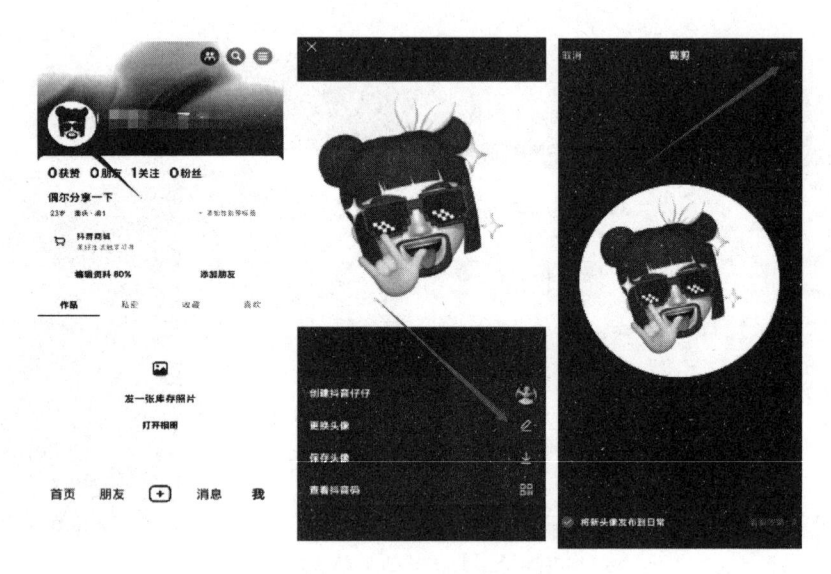

图 6-4 头像设置流程

第四步，点击"相册选择"，从手机相册中选择提前保存好的头像图片，点击"确定"。

第五步：在裁剪页面放大或缩小图片，并调节图片上下位置，点击右上方的"完成"按钮即可。

2. 最受关注头像类型

好的头像可以让你的账户更受关注。以下是总结的易受关注的头像类型：

（1）真人头像

虽然网络是虚拟的，但人们更加注重真实性。用真人的照片作为头像更能给受众一种真实感和亲切感，从而更好地吸引受众关注账号。真人头像更加适合于有真人出现的短视频与直播。

（2）图形标志

图形标志通常以各种图形元素构成，适合于一些品牌标志做头像，可以很好地强化自身品牌形象。比如，小米科技就是用自己的品牌标志作为账号头像。

（3）动漫人物

很多动漫人物以可爱、呆萌的形象深入人心。这类头像比较适合没有真人出现的短视频或直播。比如，"虎墩小镖师""王蓝莓""一禅小和尚"等账号都是以动漫主角的形象作为头像，一下子就能给受众留下深刻印象。

（4）账号名

直接用账号名做头像，看似十分简单，却也需要一些设计感。头像本身就是账号名字，如果只用白色背景与黑色字体叠加，就会给人以单调的感觉。可以对背景色和字体颜色进行设计，以达到强烈的色彩冲击感，给人留下深刻印象。

3. 头像设置技巧

设置头像虽然操作简单，但也要讲究方式方法。

如果是真人头像，可以用半身像、全身像或者大头照作为头像。如果是娱乐类账号，头像则可以活泼一点；如果想要通过做生意变现，那么头像就应当中规中矩一点。

往往越是新颖、新奇的东西，越是能吸引人的眼球，赢得别人的关注。设置的账号头像一定要让人印象深刻，还要有属于自己独特的风格，才能通过不一样的视觉感受在脑海中形成记忆。

在设置头像的时候，一定要注重头像风格与自己账号定位相吻合。比如，你是做旅游账号的，最好将头像设置为风景类头像。

头像要注意清晰度，不要上传之后让人看不清人物或文字，要将头像调整到最佳位置。

如果头像是文字，那么文字内容一定要与你的账号内容定位相符，并且最好能展现出你的账号运营内涵。

昵称设置

账号昵称就像一个人的名字一样,有特点才能让人眼前一亮。一个出彩的昵称可以被受众轻松识别,让受众看到第一眼就能知道账号内容的方向;引发好奇,抓住人们的观看心理;可以带来更多的关注,引来更多的流量;有助于打造个人品牌,进而提升变现概率。所以设置一个好的企业抖音账号昵称,对于品牌来讲十分重要。

1. 昵称设置流程

第一步:打开抖音 App,点击页面右下方的"我"。

第二步:页面跳转后,在个人主页点击"编辑资料"按钮。

第三步:进入资料页面后,点击"名字"选项。

第四步:输入自己想要的昵称,点击右上方的"保存"即可。昵称设置页面如图 6-5 所示。

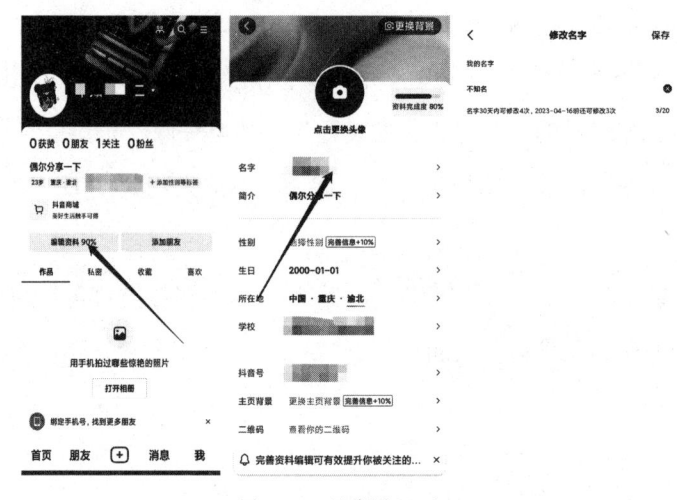

图 6-5 昵称设置页面

2.昵称设置技巧

想要通过昵称吸引受众眼球,需要掌握一些技巧和方法。

(1)名字取名

用自己的名字做账号昵称,是一种最简单的起名方式。不仅容易给受众带来真实感,还有利于打造个人品牌。如果名字很好听、很好记,就可以直接用自己的名字作为账号昵称,还节约了绞尽脑汁思考账号昵称的时间。

(2)直接借用取名

直接借用取名,就是将网站、企业、机构等名字直接拿来使用。

比如:"知乎""百度"(网站名),"五菱汽车""盼盼食品工厂"(企业名)。

(3)关键词取名

有很多账号昵称采用的是关键词取名法。这种取名方法包括"名字+行业词""诙谐词+行业词"等。优点是在输入行业词之后,就能轻松找到这个行业的相关账号。

比如:"周甲魔术""路乙搞笑配音""建筑小丙""主持人曹丁"(名字+行业词),"嗑叔嗑动物""小馋猫美食"(诙谐词+行业词)。

(4)"地区+类目/名字"取名

这种名字能很好地突出地域属性,这样的昵称可以很好地吸引同地区受众的关注。

比如:"驻马店小磨香油""苏杭美食"等,都属于"地区+类目"取名

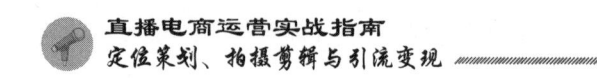

方式。"大理小甲""朝阳小乙"等，都属于"地区+名字"取名方式。

（5）创意取名

创意取名突出的是"创意"二字，给人一种有创意、很新颖的感觉。这类取名方法主要是采用谐音或内涵的方式，使得昵称更加有趣。

比如："娱人××"（主打娱乐方面的内容），"牛仔××"（主要业务是销售牛仔系列服饰），"旺喵××"（主要发布宠物狗与猫的相关内容）。

（6）另类取名

还有一类昵称，不按常理取名，看上去十分另类，却让人觉得十分有趣。

比如："吃不饱××"（账号主要为吃播类内容）。

3. 注意事项

账号昵称虽然类型五花八门，但不可以随便起。要想快速吸睛和"吸金"，还需要注意以下五点：

（1）容易识别

好的昵称应该让受众轻松理解昵称想表达的意思。在别人第一眼看到你的昵称之后，就能明白你的账号主要分享哪些内容。这一点很重要。

（2）避免生僻字

很多人存在一个误区，认为很多人不熟悉生僻字，要用生僻字做昵称更特别，甚至有人认为在汉字中添加英文或奇奇怪怪的字母做昵称，就能不跟别人重复，还能让大众快速记住。事实上，这种生僻字因为很少见，反而容易被忘记。当粉丝关注你后想要再找到你的时候，如果忘记了你的昵称，就无法找到你。简言之，设置昵称时不要造词，少用晦涩难懂的词，慎用中英文、汉语拼音混合起来做昵称。事实上，简简单单的昵称更容易被大众记住。

（3）与自己的内容领域相关

你关注什么领域的内容，你的昵称就应当体现这个领域，体现你所从事的相关行业、领域。这样，受众在看到你的昵称时，就知道你的账号是做什么方面的内容，有助于受众快速识别你的账号，系统还能为你的账号推荐高质量粉丝。企业抖音号的昵称设置，应当更加注重实用性，要与品牌和产品有关。

（4）昵称要简短

昵称要尽量简短，最多不要超过五个字。昵称太长的话，会给受众带来较高的阅读成本和记忆成本，反而不容易传播。

（5）不要轻易更改

昵称一旦确定就不要轻易更改。因为你前期花长时间打造的个人品牌名字是最有效的，已经刻在了粉丝心中，也已经有了极好的辨识度，改名就意味着从头再来，想要再次将新昵称在粉丝心中烙下烙印，成本非常大。因此，在第一次取名的时候就要慎重对待。

背景图片设置

账号主页最上方的背景图看似不起眼，实际上可以给账号吸粉引流带来诸多好处。背景图与头像、昵称具有同样的重要性，做好细节方面的完善，才能顺利运营账号。

1. 背景图设置步骤

第一步：打开抖音 App，点击右下方的"我"。

第二步：进入个人主页后，背景图片设置有三种方式。见图6-6。

第一种：直接点击头像所在的矩形区域，进入背景更换页面，点击"更换背景"，从手机相册中选择一张提前保存好的图片作为背景图，适当调整后，点击右下方的"确定"即可。

第二种：在个人主页点击"编辑资料"按钮，点击右上方的"更换背景"按钮，从手机相册中选择一张提前保存好的图片作为背景图，适当调整后，点击右下方的"确定"即可。

第三种：在个人主页点击"编辑资料"按钮，进入"编辑个人资料"页面后，点击最下方的"主页背景"。页面跳转后，点击"更换背景"，从手机相册中选择一张提前保存好的图片作为背景图。适当调整后，点击右下方的"确定"即可。

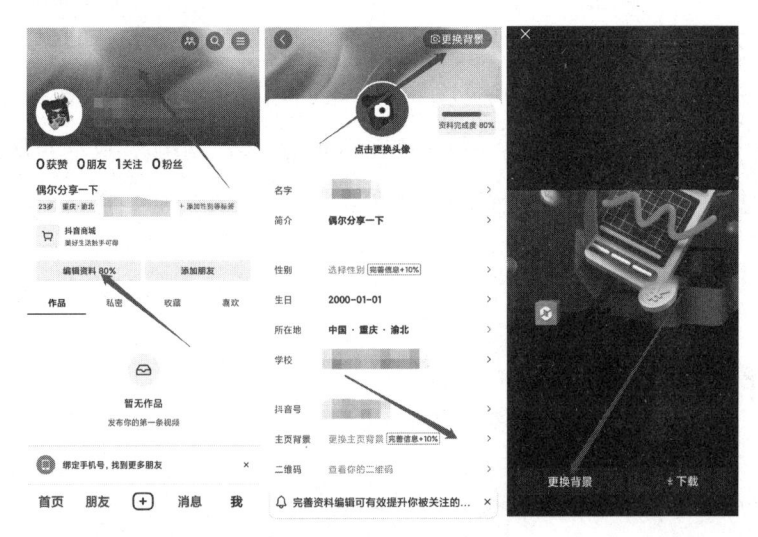

图6-6 更换背景图片的方式

2. 背景图设置技巧

背景图其功能就好比是朋友圈封面，是一个极好的广告位，除头像外，背景图是展示账号定位和品牌调性的最好渠道。在设置背景图的时候，要掌握以下技巧：

（1）与账号定位相关

背景图一定要挑选与账号定位领域相关的图片，不要为了省时省事，随便挑一张与创作领域不相关的图片来应付。

（2）迎合用户喜好

迎合用户喜好，才能更好地吸粉。做账号运营的目的就是吸粉、变现。所以，设置个人主页背景图时，也要优先考虑粉丝和用户喜好。

（3）文案要有冲击力

如果设置的背景图中有文案，那么一定要注意文案的冲击力。这里的冲击力，一方面来自视觉，另一方面来自内容本身。在视觉方面，文案文字的字体、颜色要与整个图片形成色彩上的鲜明对比，让受众能够对文案内容一目了然；在内容方面，要能达到以情动人的效果，让受众看了你的文案而心中为之一动，或为之振奋。

（4）风格保持一致

这里的风格，涵盖头像风格、昵称风格、背景图风格，三者之间要保持一致。如果头像和昵称很古典，但背景图却充满现代元素甚至风格前卫，那么就会给人一种格格不入的感觉。

3.注意事项

设计背景图的时候要注意：

第一，图片乃至图片中的文案内容清晰可见。

第二，保证背景图内容展示完整性。抖音官方给出的背景图尺寸是 1125×633px（单位像素）；默认显示的高度只有400px左右。在设计背景图时，就要按照这个尺寸去设计，才能确保背景图的规格恰到好处。如果前期没有精心设计，那么在从手机相册中选择图片更换背景图时就要对图片进行调整，确保背景图中的有效内容能够全部呈现。

个人简介设置

个人简介的作用就是主要体现账号特色与优势，其功能与微信个人简介相同。

1. 个人简介设置流程

第一步：打开抖音 App，点击"我"。

第二步：进入个人主页，点击"点击添加介绍，让大家认识你"。

第三步：进入"修改简介"页面，在"个人简介"下方的空白区域输入简介内容，点击右上方的"完成"即可，见图6-7。

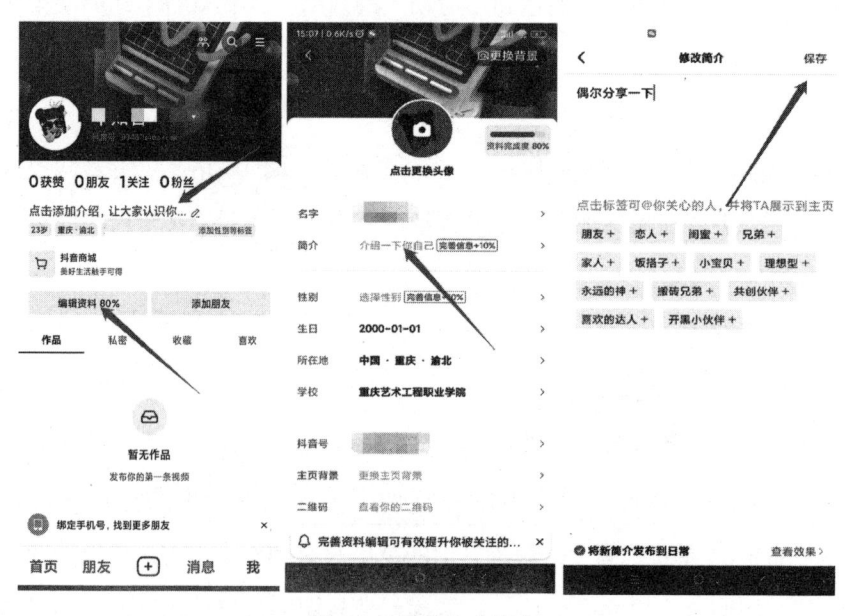

图6-7 修改个人简介

2. 个人简介设置技巧

个人简介在设置的时候，必须包括以下内容：

（1）介绍账号定位

介绍账号定位，就是要表明自己是干什么的，让用户看到你的个人简介就能轻松了解你的账号所处的领域。

（2）介绍自身亮点

在个人简介中，要表明自己的优点、特点及优势，给受众一个关注你的理由。

（3）展现自我个性

可以适当地写上能够凸显自己独特风格的人生格言，以此吸引同频的人。

（4）建立矩阵账号引导关系

很多人会打造矩阵账号，个人简介则是一个最为直观的矩阵账号引流渠道。在个人简介中，可以添加与本账号相关的其他账号，以达到相互引流的目的。这样做使矩阵账号的粉丝重合度较高，所产生的用户黏性也会较强。

比如：某律师创建的账号"何律师"的个人简介内容是："××大学法律硕士；××律师事务所合伙人律师；专为弱势群体发声，解决法律问题：关注我，让法律变得更简单；唯一小号@何律师谈股权；找我合作上星图。"其中"唯一小号@何律师谈股权"就是在为自己的矩阵账号引流。

（5）商业合作入口

在抖音上个人简介中经常会看到"找我合作上星图"，可以直接吸引广告主、品牌商等进行合作，为后续的广告变现、电商变现提供入口。

3. 注意事项

设置个人简介时，要遵循以下五个原则：

（1）实事求是

在账号建立之初，尚未形成黏度极强的忠实用户，个人简介如果不能做到实事求是，而是盲目自吹自擂，不但无法吸引用户，反而会让用户产生抵触心理，难以实现粉丝用户的快速增长。

（2）易于理解

个人简介一定要便于受众理解，切记不要用生僻字，否则严重影响用户的体验感。

（3）活泼有趣

个人简介就像是在面对陌生人进行自我介绍一样，如果你介绍的方式过于死板，就会让人失去继续听你介绍的兴趣。个性张扬、俏皮有趣的个人简介，才能激发人们持续浏览的兴趣。

（4）简洁概括

个人简介也不要冗长，因为在这个注意力碎片化时代，没有人会花很长的时间去阅读你的长篇大论。要做到既简洁又有概括性，这样能让受众在最短的时间内了解有关你的足够多的信息。

（5）传达价值

个人简介的作用，就是通过文字的形式，对头像、昵称、背景图等无法体现出来的信息内容进行补充和说明。因此，一定要抓住内容简介的这一功能，向受众传达有价值、有意义的信息。换句话说，就是告诉受众你能带来什么好处。如上述例子中"专为弱势群体发声，解决法律问题"的说明。这样才能更精准地吸引粉丝的关注。

个人资料设置

很多人认为个人资料可填可不填，殊不知填写个人资料不但是对自我资料的完善，还具有两种好处：

第一，完善自己的账号资料，系统会更好地推送你拍的视频作品。

第二，现在许多权限都是需要实名认证的。完善账号资料，可以获得更多的使用权限。

1. 个人资料设置流程

第一步：打开抖音 App，点击"我"。

第二步：进入个人主页后，点击"编辑资料"。

第三步：页面跳转后，根据提示完成除了之前的头像、名字、简介、主页背景外的其他信息即可。

要注意的是，如果想要在后期实现带货变现，就需要在"编辑服务"一栏添加"抖音商城""我的小程序"，见图6-8。

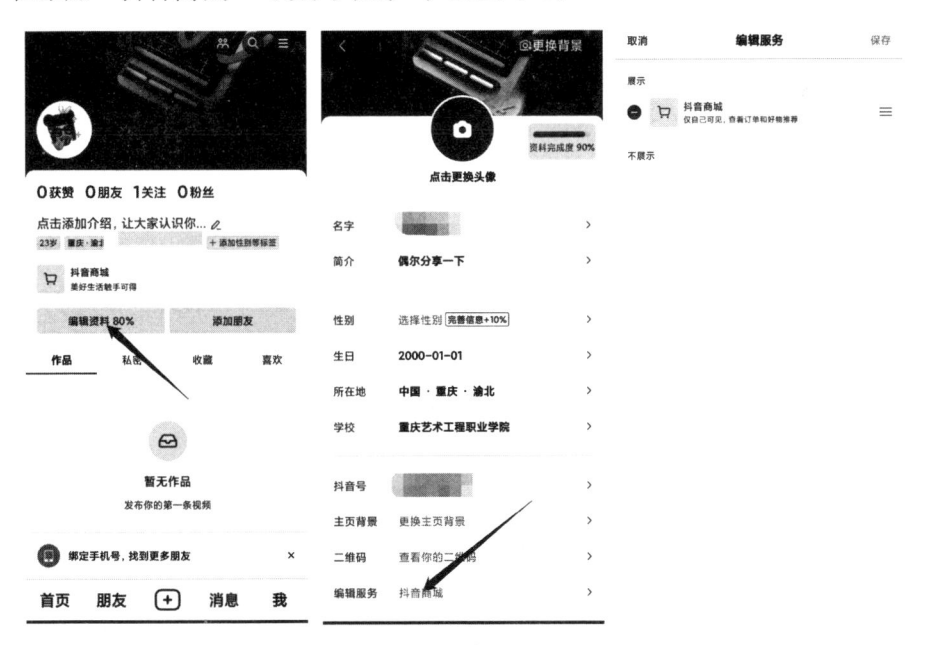

图 6-8　个人资料设置流程

个人资料设置没有什么特殊技巧，只要实事求是填写即可。

2. 注意事项

如果你注册的账号想要作为企业账号使用，那么在填写个人资料的时候，就要将头像、昵称、背景图片、个人简介以及"编辑资料"页面的其他相关信息，都要填写为与企业相关的信息。比如头像要用企业标志、昵称要用企业名称、个人简介要说明是"××公司官方"等。一定要先编辑好这些资料，否则如果后续通过了蓝V认证申请，这些资料就不能再次编辑和更改了。

黄V、蓝V、经营角色认证

抖音平台有一个非常重要的功能，就是账号认证。

1.认证的作用

抖音账号认证有以下好处：

（1）增加账号可信度

账号认证，其实是对账号所有者身份的一种识别，在进行相关流量分配或流量推荐的时候，能够更好地实现智能化。对受众来讲，可以帮助他们找到自己更加感兴趣的内容。

（2）获得系统推荐机会

无论是个人账号还是企业账号认证，都能获得平台的优待。经过认证的账号，所发布的作品会受到平台的重视，可以帮助视频作品上热门。

（3）更容易找回账号

账号有时候会被他人盗用。如果账号经过认证，即便被盗，也很容易通过官方找回账号。所以，账号认证也是对账号安全的一种保护。

2.认证类型

抖音账号认证包括两种：

（1）黄V认证

黄V认证，适用于个人账号认证。如果你是公众人物、名人、歌手、领域专家和网络名人、企业家等可申请黄V认证。

黄V认证，包括职业认证、优质创作者认证两部分。职业认证，适用于音乐、时尚、体育、科技等行业从业者申请；优质创作者认证，适用于各领域的优质作者申请。

比如："网络达人××酱"就通过了黄V职业认证，其认证的职业类型为"演员"，优质创作者认证为"原创搞笑视频自媒体"。

①黄V特权

除了以上三大作用，黄V认证账号比普通账号更具显眼标识，还有一个上传原创歌曲到抖音的特权。

②申请条件

在每一个职业认证的过程中，平台都会提出相应的认证条件。不同的职业需要满足不同的申请条件。如果满足相应的申请条件，就可以成功认证。通常需要满足的基础条件相同，即需要"近期无账号/视频内容违规记录，且未发布低质/非原创内容"。然后要完成账号实名认证、账号绑定手机号，以及完成相应的作品数量要求、粉丝量达到要求的数量。在个人认证的具体职业认证过程中，可以看到详细的认证条件要求。

③认证流程

黄V认证流程如下：

第一步：打开抖音手机客户端App，进入个人主页后，点击右上方的"≡"图标。

第二步：在打开的侧边栏，点击"设置"。

第三步：页面跳转后，点击"账号与安全"。

第四步：点击"申请官方认证"。

第五步：页面跳转后，在"抖音官方认证"页面中，点击"个人认证"。

第六步：在"个人认证"页面，根据自己的账号类型，选择适合自己的职业类型，可选的职业类型有：萌宠、亲子教育、保险、生活家居、舞蹈、科技、人文艺术、传统文化、音乐、娱乐、旅行、公益、时尚、三农、体育运动、法律、剧情、财经、电商、短剧等。

第七步：这里我们以选择"生活家居"为例进行认证。在"个人认证"页面点击"生活家居"，在下拉菜单中，点击"生活自媒体"，然后点击"下一步"。

第八步：页面跳转后，在"生活自媒体"页面会出现基础条件、账号实名认证、账号绑定手机、作品数量要求、粉丝量要求。如果粉丝数量未达标，那么我们需要先去做账号内容，完成粉丝达标量。在该页面的所有要求都达标后，也就完成了个人黄V认证，见图6-9。

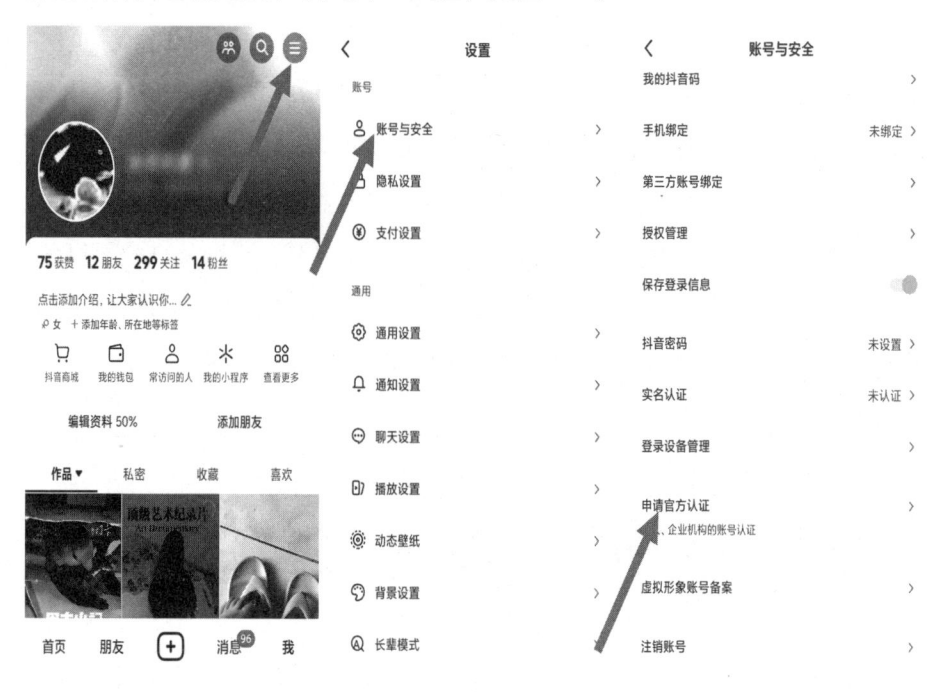

图 6-9　黄 V 认证流程

（2）蓝 V 认证

蓝 V 认证，是对企业与个体商户、机构（包括政府、媒体、校园、网站、应用等官方账号）两类账号的认证。

①蓝 V 特权

获得抖音官方蓝 V 认证的账号，能够获得更多的权限，包括：

第一，权重比一般账号要高许多。

第二，能够直接发布带有产品信息的视频，不需要担心审核不通过和限流问题。

第三，短视频内容能够获得平台扶持。

第四，可以在抖音里做营销、打广告、卖东西，可建立购物车，直接跳转官网等。

第五，可以在个人简介中添加联系电话。

第六，自动回复私信功能，可以在后台设置自动回复关键词，用于回复一些常见问题。

第七，可以选择三个视频放在最上面，辅助账号进行品牌推广和宣传。

②申请条件

企业认证条件。企业认证适合企业、个体工商户申请，申请条件如下：

第一，有自己的企业抖音账号。

第二，有营业执照彩色扫描件、企业认证公函加盖章的彩色扫描件、电子邮箱（电子邮箱是为了方便接收信息）。

第三，提供相应资质，包括网站 ICP 备案查询截图、商标注册证扫描件、软件著作权证件扫描件、其他品牌授权文件扫描件或照片。

机构认证条件。机构认证分为 MCN 机构和社会机构两类：

MCN 机构认证条件：

第一，账号状态正常，并且登录账号已绑定手机号。

第二，达人数量至少 5 个，并已经与 MCN 机构签订合同。

第三，MCN 机构过往无违规行为，旗下达人总粉丝量不小于 1 万；同一营业执照下，只允许一个 MCN 机构主体入驻。

社会机构认证条件：

第一，申请认证的机构具有合法公司资质。

第二，成立时间超过一年以上。

第三，成立时间不足一年，但达人资源丰富且内容独特，可以申请单独特批。

第四，机构旗下签约达人不少于 5 人，且有一定的粉丝规模，在相应领域具备一定达人服务能力和运营能力。

③认证流程

企业认证流程：

第一步：打开手机客户端抖音 App，进入个人主页后，点击右上方的"≡"图标。

第二步：在打开的侧边栏，点击"抖音创作者中心"。

第三步：页面跳转后，点击"全部"。

第四步：在"我的服务"页面中，在"进阶服务"栏中点击"官方认证"。

第五步：在"抖音官方认证"页面中，的"组织认证"栏中点击"企业认证"。

第六步：按照平台要求上传相关材料。前四步和职业认证流程一致，后两步见图 6-10。

图 6-10　企业认证流程

机构认证流程：

抖音机构认证当前只能在电脑端的抖音官网做认证。

第一步：在百度一下的搜索栏中输入"抖音"，在搜寻结果中找到并点击进入抖音官网。

第二步：进入抖音官方首页，点击右上方的"登录"，在电脑端登录你的抖音账号。

81

第三步：点击右上方的"合作"按钮，在下拉式菜单中选择"认证与合作"。

第四步：页面跳转后，在"机构入驻"一栏中分为 MCN 机构和社会机构两部分。

MCN 机构入驻申请，即根据提示，登录账号信息→填写机构基本信息→填写入驻达人信息→填写管理员信息。

社会机构入驻申请，即根据提示，选择认证类型→验证个人信息→填写认证信息并提交材料→等待审核。

打造矩阵账号

很多抖音用户为了获得更多的流量和曝光量，会在平台上创建多个账号。这些账号之间排列成一个长方形，构成一个矩形阵列，我们将其简称为"矩阵"。组成这个矩阵的每一个账号都可以称为矩阵账号。

小米科技公司可以说是抖音平台上打造矩阵账号的成功典范。小米科技公司的相关抖音矩阵账号有"小米公司""小米手机""小米之家""小米智能生态""小米官方旗舰店""小米有品"。这几个账号之间看似独立，却彼此通过构建"矩阵"相互引流，从而形成了一个流量循环的品牌宣传链。

1. 矩阵账号的特点

为什么要构建矩阵账号？关键在于其具有三个特点。

（1）多元效应

像小米科技，分别针对不同人群兴趣圈层创建了多个账号，有选择性地进行吸粉引流，也有效提升了品牌内容的议价能力，形成规模效应。这就是矩阵账号所产生的多元效应。

（2）放大效应

对于那些在涨粉路上遇到瓶颈的大号，构建矩阵账号，可以将大号流量引流到小号，将不同账号定位的内容思想放大并传递给更多的用户。

比如：抖音账号"某晗""某晗宠粉号""某晗精选福利社""某晗甄选"，这些账号共同构成矩阵，其中"某晗"是大号，为小号"某晗宠粉号""某晗精选福利社"引流。

（3）协同效应

矩阵账号之间形成一个类团体组合，彼此相互串联，相互导流。在视频作品中，通常用"@+账号名"的方式吸引受众关注，为其他账号引流，起到了很好的协同作用。

比如：在"某晗甄选"的一条短视频文案中，用"@某晗"的方式为账号"某晗"引流。在账号"某晗"的一条短视频文案中，用"@某晗官方宠粉号"的方式为"某晗官方宠粉号"引流。

2. 矩阵账号优势

矩阵账号非常受品牌青睐，也有很多个人用户喜欢打造矩阵账号。这是因为矩阵账号具备以下优势：

第一，增加品牌曝光量。

第二，不同账号的不同定位可以为品牌带来更多的粉丝积累。

第三，通过多个账号共同联合推广活动，可以为品牌获取更多的流量。

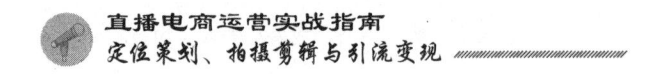

第四，可以帮助品牌实现价值最大化。

3. 矩阵账号构建模式

构建矩阵账号有多种模式。

（1）纵向矩阵

纵向矩阵，即构成矩阵的几个账号分别位于多个平台。如抖音、快手、视频号、微视、小红书、西瓜视频等平台都有自己创建的相同昵称的账号。

（2）横向矩阵

横向矩阵，即在同一个平台创建多个不同定位方向的账号。横向矩阵，又分为以下四种模式：

①辐射模式

辐射模式，就是在同一个平台上，母账号带动子账号，迅速带起子账号的流量。这种模式适用于知名度非常高的品牌。

②企业号＋个人号模式

很多品牌同时创建了企业号和个人号组成矩阵账号。作为品牌，不仅注册企业号，还打造个人号，目的就是借助个人号的真人属性，快速在受众当中建立粉丝规模，然后服务于企业号，为企业号引流。

③向心模式

向心模式，就是建立多个矩阵账号，每个账号都具有独立功能，但都是为品牌服务的。这种模式能够很好地提升品牌影响力。

比如：美团在抖音平台上打造了众多账户，包括"美团""美团外卖""美团酒店""美团玩乐""美团爱美""美团骑手""美团买菜"美团美食""美团优选"等，这些账号形成矩阵，都为美团这个品牌服务。

④纵深模式

纵深模式，是在品类的基础上逐层细分，然后根据细分内容明确子账号定位，在子账号上发布相关内容，以此吸引某一类人群。

比如：某美妆品牌构建纵深矩阵，其矩阵账号有美妆教程号、眼妆教程号、眼线笔种草号。这样逐层推进，最终推出产品，实现交易。

（3）平行矩阵

平行矩阵，通常就是家庭成员为了塑造家庭人设，每个人会开通自己的账号形成矩阵，矩阵账号彼此之间是一种平行关系，没有子母、主次之分，相互引流。

比如：抖音平台上"小金某"是以分享家庭日常内容为主的账号，该账号与"金某嫂""金某爸""金某一家人"共同构成矩阵生态。

4.矩阵账号构建技巧

（1）相互独立且关联

在创建矩阵账号的时候，各账号既要彼此独立，又要相互关联，这样才能彼此引流。前文中美团的矩阵账号就是一个很好的例子。

（2）账号风格保持一致

既然矩阵账号都是为品牌服务的，那么每个账号的风格应保持一致，让更多的人通过不同的矩阵账号更好地了解品牌。

做好养号提升账号活跃度

在抖音平台上，注册用户众多，流量竞争也十分激烈。做好账号的养号工作，可以有效提升账号活跃度，后期才能更好地低成本获取精准流量。

1. 养号账号类型

很多人认为，只有新注册的账号需要养号。这种观点不够全面。那么究竟什么样的账号需要养号呢？

（1）新注册账号

新注册的账号权重低，没有流量基础，如果不先养号就直接发视频、开直播，往往效果很差。

（2）沉默老账号

很多账号虽然注册了很长时间，但太久没有更新，系统就会判定为低权重的沉默老账号。这样的账号要想重新运营，首先要做的就是养号。

（3）违规账号

很多账号在运营过程中出现了违规操作，然后被系统降权，无法获得很好的流量推荐。这样的账号严重"伤了元气"，需要好好养号。

2. 养号技巧

（1）刷

在新注册账号之后，先什么都不要做，只要刷别人的抖音短视频即可。在刷视频的时候要做好以下事情：

第一，不要犯懒每天至少要抽出两个时间段去刷同行的视频。

第二，每条视频要完整看完，系统才会认定为你是真实用户。这一点很重要。因为平台是机器人识别，不要打开作品就刷下一条，完整观看作品才算一个播放量。这样做是为了让机器人识别你的账号的偏好，从而为你推荐同类视频，把你划分和定位到此类别，之后你的视频会得到同类别人群的推广。

第三，要适当地给别人的作品点赞，增加账号的活跃度。

第四，要适当地评论别人的作品。发布评论的好处是：不论你给那些几百万粉丝和播放量的短视频还是普通账号的短视频发布评论，只要你的评论足够精彩，就能够引发人们对你的好奇，吸引人们对你的关注。这样你就获得了第一批基础粉丝。但不要反复给一条短视频评论，否则系统会认为你有刷屏嫌疑。

第五，对于你喜欢的作品、你认为优秀的作品要收藏。

（2）关注

要关注优质同行，在刷同行的视频时在评论区发布评论。这样不仅能达到养号的目的，还能为后期涨粉做铺垫。

（3）看直播

可以去一些人气较高的直播间围观。在看直播时要注意：

第一，观看大概30分钟就可以了。如果时间不够充足，挂着就可以了。整个流程至少要保持两小时。这是一个普通抖音用户常做的事情。这样做，可以让系统更好地判定账号为真实用户操作。

第二，在看直播的时候，多参与互动，包括点赞、提问互动、转发等。这样的操作可以增加你的账号权重。

第三，不要频繁更换直播间，否则系统会判定你在恶意刷直播，影响你的账号权重。

3. 养号注意事项

在养号的过程中要注意：

第一，只刷视频，不发视频。

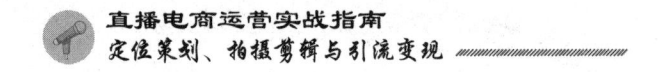

第二，不论粉丝多少，至少关注 20 个账号。

第三，评论中不能出现敏感内容。

第四，要每天稳定登录，"一刷、二关注、三看直播"，这一流程要持续操作 5~7 天。

第五，新号、沉默老号、违规账号，采用相同的养号技巧即可。

第七章　服务功能开通操作指南

做短视频、直播，想要通过电商带货的形式实现变现，就必须提前开通几项服务功能，以方便后续带货。本章以抖音24.0.0版本为例，对几个重要的服务功能开通操作进行详细阐述。

抖音店铺开通及商品上架

抖音店铺（原名：抖音小店）是抖音平台为商家提供的一种带货工具，其功能类似于淘宝店铺。开通抖音店铺后，即便不直播、不拍短视频，只要消费者可以通过关键词搜索找到你的抖音店铺中的商品并购买，你也能实现销售并获得收益。

1. 抖音店铺功能

开通抖音店铺，可以通过三种市场销售方式获利：

第一种：商家自营。商家通过自己的抖音账号可以在抖音店铺售卖商品，消费者可以进入抖音店铺购买喜欢的商品。

第二种：商城卖货。商家可以让产品进入抖音商城，享有整个平台的总流量，使产品获得更高的曝光率。

第三种：达人带货。商家还可以申请加入精选联盟，邀请平台达人帮忙宣传产品，帮助卖货。

2. 抖音店铺开通

（1）入驻条件

入驻抖音店铺，除了有自己的抖音账号，且实名认证，还需要提供主体的相关资料，包括个体或企业营业执照、法人/经营者身份证、个人开户银行账户名称等。

另外，对于企业主体而言，根据开通抖音店铺店铺类型的不同，还需要满足品牌资质条件：

企业店：仅限企业营业执照开通；经营多个自有品牌或1个一级独占授权品牌。

专卖店：仅限企业营业执照开通；只经营1个授权品牌。

专营店：仅限企业营业执照开通；店铺至少有1个类目下同时拥有2个或多个品牌。

旗舰店：仅限企业营业执照开通；经营多个自有品牌或1个一级独占授权品牌。

官方旗舰店：仅限企业营业执照开通；经营多个自有品牌或1个一级独占授权品牌。

一级独占授权品牌：即品牌方直接授权某个公司独家开设该品牌旗舰店。

（2）入驻流程

企业与个人主体的抖音店铺入驻流程：

第一步：登录抖音账号，点击"我"，点击右上方的"≡"。

第二步：点击"抖音创作者中心"，进入后，点击"全部"。

第三步：在"工具服务"页面的"进阶服务"板块，点击"开通小店"。

第四步：进入"抖店"首页，如果对如何入驻不够了解，可以先点击"如何入驻"，返回之后再点击"入驻抖音电商"。

第五步：进入"授权登录"页面，输入手机号和验证码，并点击"同意协议并确认绑定"。

第六步：页面跳转后，可以根据自己的需要，选择企业主体入驻或个人主体入驻，并选择店铺类型、经营类目，填写资料信息。然后就进入平台审核阶段。

第七步：平台通常需要 1~3 个工作日对资质进行审核。审核通过后，需要使用个人账户银行预留手机号验证或对公账户打款验证。

第八步：验证通过后，需要缴纳保证金。经营类目不同，保证金缴纳金额也有所不同，还需要额外缴纳 5% 的技术服务费。

完成以上步骤后，你就成功开通抖音店铺了，见图 7-1。

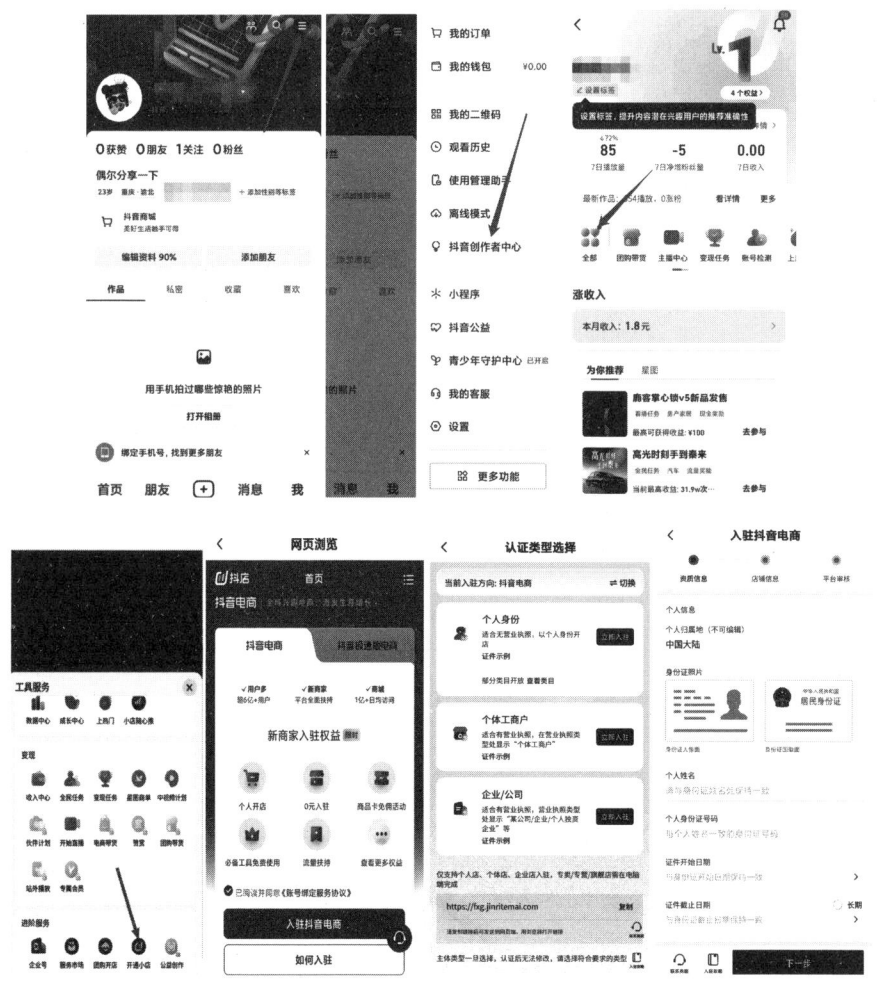

图 7-1　抖音店铺开通流程

（3）相关信息填写技巧

在填写相关信息时，要注意以下技巧：

①类目填写技巧

可以根据推广产品的品类选择三个相关类目。产品类目的选择对后续的推广影响很大，选择的类目越精准，吸引目标用户越多，成交率越高，后续的流量也会越多。

②店铺名称选择技巧

在填写店铺名称时，以与抖音账号相同的名字作为店铺名称，可以更好地让粉丝记住你的店铺。

3.抖音店铺商品上架

开通抖音店铺后，接下来要做的一件重要事情就是添加商品，或者说是商品上架。

抖音店铺添加商品有两种方法。如果你有自己的商品，可以直接进行"商品创建"；如果你是新手，没有自己的货源，可以通过"商品导入"的方法来完成。

"商品创建"，需要我们自己完成商品的拍摄、修图、商品详情页设计、上传等一系列工作。

"商品导入"，就是我们从淘宝、拼多多等电商平台导入我们已经生成好的商品详情页链接。

抖音店铺商品添加流程：

（1）商品创建

第一步：下载抖店电脑客户端，或者通过浏览器进入抖店官网。

第二步：打开电脑客户端抖店软件并登录。

第三步：打开抖店后台，点击左侧栏"商品"下方的"商品创建"，见图7-2。

图 7-2 "商品创建"页面

第四步：进入"选择商品类目"页面，选择你要上架商品的相关类目，然后点击"下一步"。这里以榴莲商品为例。在搜索栏中输入"榴莲"，下方就会自动显示一个类目，直接点击"生鲜 > 水果 > 榴莲"，则完成商品分类信息填写。然后点击"下一步"，见图 7-3。

图 7-3 "选择商品类目"页面

第五步：进入"基础信息"页面，在"商品标题"栏中输入商品标题。

商品标题写得好坏，直接决定了产品的销量高低。商品标题应当包括品牌或品种（猫山王）+商品名称（榴莲）+规格+说明+营销词（买二送一或主播推荐），见图7-4。

图7-4 "基础信息"页面

第六步：根据提示，根据商品填写"类目属性"。标"*"的是必填部分。

第七步："图文信息"部分，点击"上传主图""上传辅助图"，可以上传事先保存在电脑里的商品主图，最多可以上传5张。如果有提前录制好的有关主图的视频、商品的白底图，可以点击"主图视频""上传白底图"进行上传。然后填写"商品详情"，见图7-5。

图7-5 "图文信息"页面

第八步:"发货模式"有三种,分别是"现货发货模式""全款预售发货模式""阶梯发货模式",根据自身情况选择。如果是"现货发货模式",就需要在"当日发""次日发""48小时"中作出选择,见图7-6。

图7-6 "发货模式"页面

第九步:在"价格与库存"栏,填写"商品价格""现货库存"。在"订单库存计数"中,有"下单减库存""付款减库存"两个选择,如果不知道如何选择,可以默认"下单减库存",见图7-7。

图7-7 "价格与库存"栏页面

第十步：在"服务与履约"栏中，"运费模板"可以选择"包邮"或"收取运费"。在"售后服务"项目，可以根据自己的实际情况选择售后服务选项，包括"坏损包退""正品保障""订单完成15天内售后保障"等，见图7-8。

图7-8 "服务与履约"栏页面

第十一步：以上信息填写完成，点击下方的"发布商品"按钮，则商品创建成功。

（2）商品导入

第一步：打开电脑客户端抖店软件并登录。

第二步：打开抖店后，点击左侧栏下方的"应用"，见图7-9。

图7-9 "应用"页面

第三步：抖店本身是没有商品导入功能的，需要借助"抖店服务市场"中的应用来完成。因此，在新的页面内，"应用推荐"栏下方，有系统推荐的免费的相关应用。一般可以免费试用7天。这里我们以"无忧商品一键复制"应用为例来操作。

第四步：点击"无忧商品一键复制"，进入新的页面后，选择"试用版"，周期选择"7天"，然后点击"立即试用"。

第五步，进入授权页面后，就可以获得店铺的一些信息和功能，点击"确定授权"。

第六步：应用授权后，点击左侧栏的"批量复制商品"，这里支持很多电商平台的导入操作。我们以选择"天猫"为例。点击"天猫"。

第七步：进入"一键复制天猫商品"页面，到对应的天猫平台找我们想要导入的商品，在天猫商品的地址框中复制链接。再次返回"一键复制天猫商品"页面，将刚才复制的链接粘贴在"请输入要抓取的商品链接地址"下方的框中，这里可以导入多个商品链接，然后点击"下一步"。页面跳转后，就能看到从天猫批量导入的商品，然后点击"全部抓取"。

第八步："复制成功的记录列表"可以看到成功复制的商品。然后，点击"去抖店查看商品"，在新的页面中就可以看到有关商品的所有信息已经全部复制过来，只需要根据自己的需求修改，最后点击"发布商品"即可。

橱窗开通及商品添加

抖音橱窗是抖音的一个产品功能，在个人主页中显示。可以将产品发布在抖音橱窗当中，其他用户点击橱窗就可以购买所需商品。

无论想要进行视频带货还是直播带货，都必须开通抖音橱窗，开通之后就可以挂"小黄车"（商品链接），只要有人通过橱窗的商品链接购买商品，你就可以赚取佣金。也就是说，商品橱窗是视频带货、直播带货的前提。

1. 抖音店铺与橱窗的区别

很多人对抖音店铺与橱窗的理解容易混淆。二者之间的区别主要在于：

（1）性质不同

抖音店铺就像淘宝店铺一样，属于网上店铺。开通抖音店铺的时候，除了满足一定的入驻条件，还需要营业执照、身份证、银行卡信息，有独立的操作后台，包括订单管理、客服管理、发货规则等。

橱窗只是一个商品展示的窗口、入口，只要满足一定的入驻条件即可开通。

（2）商品来源不同

抖音店铺的商品有两大来源渠道，可以是自己进行商品创建，也可以将其他第三方电商平台的商品导入抖音店铺。

橱窗的商品可以是抖音店铺里的商品，也可以是第三方电商平台的商品。

（3）成交路径不同

抖音店铺的商品，可以直接在抖音平台上完成交易。

橱窗的商品如果来自抖音店铺，则在抖音平台上完成交易；如果来自第三方电商平台，则消费者购买时，页面跳转到第三方平台后才能购买。

2. 开通橱窗

（1）开通条件

开通橱窗的条件有：

第一，公开发布视频数量≥10条。

第二，抖音账号粉丝量≥1000。

第三，实名认证。

（2）开通流程

第一步：打开手机客户端抖音 App，点击"我"。

第二步：进入个人主页，点击右上方的"≡"。点击"抖音创作者中心"。

第三步：点击"全部"，再点击"电商带货"。

第四步：在满足开通条件后，点击"立即加入抖音电商"。

第五步：页面跳转后，按照要求缴纳保证金，绑定银行卡账号，以便提现使用。

3. 橱窗选品

成功开通橱窗后，在账号个人主页的中部会看到"商品橱窗"按钮。选择商品橱窗中商品的操作如下。

第一步：进入手机客户端抖音 App 的个人主页，点击"商品橱窗"。

第二步：页面跳转后，点击"选品广场"。

第三步：进入"精选联盟"页面，在上方的搜索栏中输入自己想要出售的东西，比如"橙子"，然后点击"搜索"。

第四步：页面跳转后，商品旁边有红色字体"赚××"，即你卖出一件商品可以赚取的佣金金额。如果你觉得这件商品是你想卖的，直接点击"加橱窗"就可以了。

"小黄车"开通及商品添加

我们会发现，有些短视频下方有一个"小黄车"，只要点击"小黄车"，就可以直接跳转到短视频内容中关联的商品购物页面，消费者可以在这里直接购买商品。那么，这个"小黄车"有什么用，怎样开通"小黄车"并添加商品呢？

1. "小黄车"的用途

通过这个"小黄车"，我们可以看到抖音店铺的商品，还能看到第三方电商平台上售卖的商品。"小黄车"售卖的抖音店铺商品或者第三方电商平台商品，可以是你自己小店的，也可以是别人小店的。

"小黄车"可以直接放在短视频下方，也可以在直播的时候添加在直播窗口。短视频的"小黄车"里可以添加小店商品、第三方平台商品，但抖音直播间"小黄车"只能添加抖音店铺中的商品，可以是自己小店的商品，也可以是别人小店的商品。

你还可以通过"小黄车"售卖别人抖音店铺或别人淘宝上售卖的物品，以此获得佣金。

2. 开通"小黄车"

商品橱窗和"小黄车"都是抖音平台的产品分享功能。开通橱窗后，也就有了"小黄车"，只不过它们出现的位置不同，作用也有所不同。因此，"小黄车"的开通条件和开通流程这里不再赘述。

3. "小黄车"商品添加

（1）开播前将抖音店铺商品添加到"小黄车"

第一步：在电脑端打开"抖音电商官网"，在首页右上方，将鼠标光标放到"登录"按钮上，在出现的下拉式菜单中，点击"达人工作台"。

第二步：页面跳转后，在新的页面出现了一个二维码。此时，打开抖音手机客户端 App，在首页点击"≡"，点击右上方的"扫一扫"，对准电脑端的二维码扫一扫。

第三步：出现"巨量引擎商务中心申请使用"页面后，点击"同意授权"。

第四步：在新的页面中，根据提示绑定手机号码，输入验证码，勾选"我已阅读并同意"，然后点击"绑定"即可完成登录。

第五步：登录后，在左上方的"直播管理"中点击"直播中控台"，找到并点击"添加直播商品"。

第六步：在新页面中，点击"我的店铺"，找到自己店铺中的商品，勾选这些商品，然后在右下方点击"确认添加"。

第七步：添加完后，在开启直播后就会发现，店铺中的商品已经挂到"小黄车"里了。

第八步：在商品成功添加到"小黄车"后，还需要一些细节性操作，这样有助于商品转化。首先需要设置商品卖点。在直播商品下方的每一件商品下面有一个铅笔图标，点击这个图标就可以输入不超过 15 个字的卖点内容，如"秋冬必入""主播力荐"等。设置完成，点击"确认"。之后，在直播的时候，用户就可以在直播间看到商品卖点。

第九步：设置讲解卡，以便用户进入直播间的时候能看到商品弹窗。在开始直播的时候，刚刚添加的商品的页面会出现一个麦克风按钮，这就是讲解按钮。讲哪一款商品的时候，点击这个讲解按钮就可以了。至此，所有的设置操作完毕。

（2）将淘宝商品添加到"小黄车"

其他第三方电商平台的商品都可以添加到视频下方的"小黄车"中。这里以淘宝为例。如果我们是淘宝商家，该如何将淘宝链接挂到抖音"小黄车"？操作步骤如下：

第一步：打开淘宝后台，点击左侧栏"营销中心"栏中的"我要推广"。

第二步：进入"我要推广"页面，选择"淘宝客"。

第三步：进入"淘宝客"后，找到左侧栏的"营销中心"，点击"营销计划"。

第四步：页面跳转后，点击"添加主推商品"按钮，将我们想要推广的淘宝商品添加到"淘宝库"中，点击"确定"。

第五步：在新页面中设置佣金率。佣金是需要打给抖音达人的。这里的佣金率，可以设置 7%，因为只有达到 6.01% 以上，商品才可以加到抖音内容库❶。然后点击"保存设置"。该计划需要等待 24 小时才会生效，才可以将商品添加到抖音中。

第六步：24 小时后，打开所选淘宝商品的链接，点击"分享"按钮，点击"复制链接"。然后返回到抖音的个人主页。

第七步：在"个人主页"的下方点击"■"按钮，在这里可以发布短视频作品，直接拍摄短视频。拍摄完毕后，点击"下一步"。

第八步：在即将发布作品之前的页面中，点击"商品添加"按钮，进入"添加商品"页面后，点击右上方的"商品链接添加"。之后会弹出一个小窗口，系统会识别到之前复制过的淘宝商品链接，此时点击"查看详情"，就能看到添加的淘宝商品。点击右方的"添加"按钮，这时候就会弹出一个小窗口，显示"已加入橱窗，可在'橱窗管理'入口进行管理"，表明淘宝的商品已经成功加入了橱窗。

第九步：返回视频发布前的页面，重新点击"添加商品"，在跳出的页面的"我的橱窗"中，会看到新添加的淘宝商品。然后点击该商品右方的"添加"。进入一个全新页面后，根据提示添加"短视频推广标题"内容，比如可以输入"视频同款"，再添加"商品推广图片"，最后点击"确认"按钮。此时，你发布的作品中就已经把淘宝商品挂入了视频下方的"小黄车"中。

（3）视频添加"小黄车"

视频中要想挂"小黄车"，操作步骤如下：

第一步：拍摄完视频，发布之前，点击"添加标签"，然后点击"商品"。

第二步：进入新页面后，这里显示的商品都是橱窗里的商品。根据视频内容，选择你想要挂"小黄车"的商品，点击"添加"，再点击"下一步"。

---

❶ 内容库，即抖音账户拥有并用于营销计划的数字资产的集合。

第三步：页面跳转后，进入"编辑推广信息"，输入推广标题，比如写"视频同款"，最后点击"确定"。

第四步：页面再次进入视频发布之前的页面，视频的"小黄车"也已经挂好。点击"发布"，这样你发布的视频下方就可以看到一个"小黄车"图标，别人通过你的"小黄车"下单后，你就可以赚取佣金了。

（4）开播后添加"小黄车"

直播带货的时候也要用到"小黄车"。那么如何在直播中添加"小黄车"呢？

第一步：打开抖音手机客户端App，点击下方的"＋"按钮。

第二步：点击"开直播"，然后点击"商品"按钮。

第三步：进入"添加商品"页面后，可以选择你这场直播想带货的商品，然后点击"确认添加"。这样，直播间的"小黄车"里就会出现选好的商品。

精选联盟开通及商品添加

抖音店铺新手商家在店铺成功开通后，一定要第一时间去开通精选联盟。

1. 精选联盟的概念和用途

什么是精选联盟？精选联盟有什么用途？

精选联盟是抖音平台上撮合商品和达人、帮助商家推广产品、获得更多利润的平台。符合入驻条件的商家，可以给商品设置一定的佣金，将商品添加到商品联盟商品库当中，以供达人选品推广。简单来讲，精选联盟就是商家推广商品的平台，在这里能让商家获得曝光，有助于提升店铺销量。

有的人认为，自己的商品找达人带货还需要给达人一部分佣金，自己就赚少了。其实不然。达人带货，可以给你和你的产品带来更多的曝光机会，用一小部分佣金换取更多的产品销量，是一种很好的提升销量的方法。

2. 精选联盟开通条件和流程

要想让达人帮忙推广商品，就需要开通精选联盟。

（1）开通条件

第一，商家已经开通了抖音店铺。

第二，商家可正常登录账户使用店铺，营业状态为正常营业。

第三，商家体验分≥4.2分，新商家（入驻时间在60天内的商家）且无体验分时，暂不针对体验分进行考核，满足其他条件即可。后期如果运营过程中商家体验分＜4.0分，精选联盟权限就会被清退。

第四，店铺不存在《商家违规行为管理规则》中"出售假冒/盗版商品""发布违禁商品/信息""虚假交易""不当获利"等行为，且没有违规处罚记录。

第五，近30天内店铺存在《商家违规行为管理规则》中严重违规行为且违规积分达4分的，将被限制参与精选联盟。

第六，商家店铺账户实际控制人的其他电商平台账户未被电商平台处以特定严重违规行为的处罚，未发生过严重危及交易安全的情形。

第七，商家店铺需要根据不同店铺类型上传品牌资质，并保障品牌资质的真实性、合规性、链路完整性。

（2）开通流程

第一步：打开抖店电脑客户端。点击页面上边栏中的"精选联盟"。

第二步：进入"开通精选联盟权限"页面后，下方显示相关的精选联盟开通条件。如果各项条件均满足，就勾选"我已阅读并同意"。

第三步：点击"开通权限"。此时，你就成功获得了精选联盟权限。之后，就可以邀请主播帮你带货了。

新手一定要注意：如果你开通了精选联盟后长时间没有订单，也没有找到达人，抖音店铺就没有体验分，那么你的精选联盟权限就会被系统关闭。而且精选联盟权限只有3次申请机会。如果3次开通权限后全部被关闭，那么精选联盟功能就无法再使用。如果依旧想找达人帮你带货，就只能重新开通抖音店铺了。

3. 添加商品

抖音店铺的商品如何挂到精选联盟中呢？

第一步：登录抖店电脑客户端，点击上方的"营销中心"。

第二步：进入"营销中心"后，在左侧栏中的"精选联盟"下方的菜单中点击"计划管理"。

第三步：进入"计划管理"页面，点击左侧栏中的"普通计划"。

第四步：在右方点击"添加商品"按钮。进入"添加推广商品"页面，下方已经罗列出了抖音店铺中的商品。可以根据自己的需要勾选商品。之后在下方设置佣金率。这个佣金就是要给带货达人的提成。最后点击"确定"。这样就将抖音店铺的商品成功添加到了精选联盟。

POI认领及商品添加

前文提到，在很多短视频下方会有一个"⚲"图标，即定位图标，如图7-9所示。这个服务功能叫做POI（Point of Interest）即"兴趣点"，我们也可以将其理解为一个定位信息，或者是一个地理信息。

用户点击该图标，页面就会跳转至团购页面购买门票。与短视频中出现的团购图标有所不同的是，页面跳转到团购页面后，最上方有这家门店的具体地理位置信息、联系方式、导航（可以根据导航直接找到店铺），以及

"大家怎么说"（即消费者的消费体验评价）。除此以外，在这里还可以开通"外卖到家"服务板块，消费者可以在这里直接点击下单外卖，如图7-10~图7-12所示。

图7-10 团购图标及位置

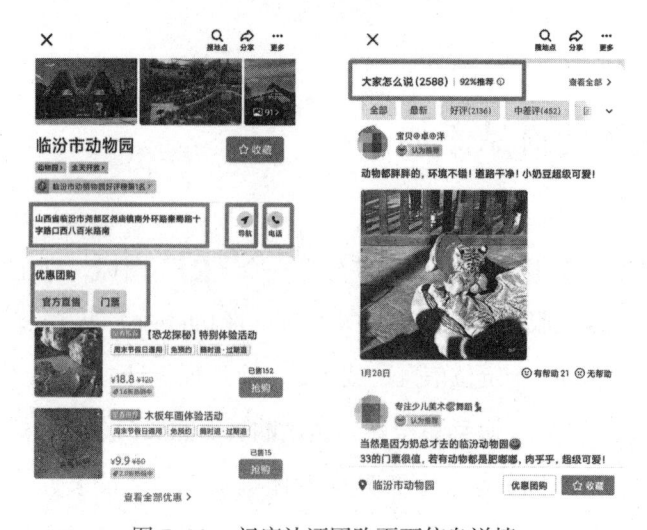

图7-11 门店认证团购页面信息详情

图 7-12　门店认证团购页面的"外卖到家"服务板块

1. POI 的概念及功能优势

POI 其实是一个本地流量入口。抖音企业号发布视频时，可以附上自己店铺的地理位置，方便本地周边用户准确找到自己的店铺，这就是 POI 认领。目前，普通账号不能做 POI 认领，只有企业账号才能认领 POI。

企业号在认领 POI 之后，可以向用户提供门店联系方式，发放优惠券，推荐商品、店铺活动、团购信息等。这就意味着，POI 认领后，每个刷到商家视频的用户都可以通过 POI 进入商家的聚合页面查看相关活动细节，并完成在线购买。总之，抖音 POI 可以说是联结抖音粉丝与实体商家的桥梁。在短视频中添加 POI 认证，可以通过"地理位置＋内容种草"模式，将视频内容推送给本地标签用户，吸引有兴趣的用户，为企业账号的线下门店带来更多的本地流量和销量。

做 POI 认领通常适用于餐饮、美容、美发、美甲、酒店、汽修、影院、旅游等实体行业的商家。

2. POI 认领

（1）认领条件

企业 POI 认领的条件如下：

第一，企业蓝 V 认证。

第二，账号需开通企业支付宝账号。需要注意的是：企业支付宝账号的主体需与抖音企业号认证主体一致。

（2）企业、商家的 POI 认领流程

单独一家门店的 POI 认领：

第一步：打开抖音手机客户端 App，点击"我"，点击右上方的"≡"。

第二步：点击"企业服务中心"，然后点击"促营收"。

第三步：进入"促营收"页面后，点击"门店设置"。

第四步：进入"授权登录"页面后，点击"授权并用×××（手机号）一键绑定"（也就是用你手机号实名认证并注册的抖音账号一键绑定）。

第五步：在进入新的页面后，点击"入驻优势"最下方的"立即免费认领门店"。

第六步：页面跳转后，在"选择门店"页面的输入框中输入你的门店名称及地址。然后在搜索到你的门店名称和地址的右方，点击"立即认领"。

第七步：进入"门店信息"页面，依照要求填写"所属行业""所在地区""详细地址""地图位置"。之后上传"门店头图"，填写"联系人电话""营业状态"，上传"营业资质"图片、"补充资料"（这里可以上传卫生许可证等特殊资质）。最后点击"提交审核"，通常审核需要 1~2 个工作日。

多家门店即连锁店的 POI 认领，必须在抖音电脑端进行。

多家门店（连锁店）的 POI 认领流程如下：

第一步：打开并登录电脑端后，在后台左侧栏中找到并点击"运营中心"，在下拉菜单中找到并点击"主页管理"。

第二步：在"门店关系"部分，可以在上方右边的搜索栏中直接搜索门店，接着在下方勾选你要做POI认领的门店，然后点击"批量门店认领"。

第三步：根据提示和要求，填写相关门店信息，最后点击"提交"即可。

3. POI团购挂商品

在做了POI认领后，就可以在抖音上做POI团购了。企业和团购达人都可以实现POI团购。

（1）企业POI团购挂商品

①企业POI团购挂商品的条件

第一，商家开通企业号，并认证蓝V。

第二，上架团购套餐，并设置佣金。

②企业POI团购挂商品的流程

企业POI团购挂商品的流程，可以分为两大板块，分别是开通企业号和挂团购商品。

开通企业号并认证蓝V的流程在前文中已有详细介绍，这里不再赘述。直接从挂团购商品的流程开始介绍。

第一步：打开抖音手机客户端App，点击"我"，点击右上方的"≡"。

第二步：点击"企业服务中心"，进入新页面后，点击"促营收"。

第三步：页面跳转后，点击"团购活动"，进入"团购服务首页"之后，点击"创建团购"。

第四步：进入"团购活动配置"页面后，根据提示选择收款方式、适用门店、团购类型，并设置投放渠道、建议使用人数（根据套餐使用人数来定）、套餐名称、券码类型、商品搭配、上传图片（团购商品的相关图片）、购买须知（可以包括售卖日期、使用日期、使用规则等），最后点击"提交审核"。审核成功后，就可以在企业号的视频下方看到POI图标以及相关团购链接。

第五步：在创建好团购商品后，如果想要吸引带货达人参与品牌和商品的宣传和推广，就要设置一个带货佣金。具体操作是：点击"企业服务中心"，点击"团购活动"，找到"达人带货"，选择"通用佣金任务"。这里就可以看到建立的团购产品，然后点击"佣金比例"，进行佣金比例设置，点击"确认设置"。再打开右上方的"已开启商品推广"。这样，团购达人就可以在他们的"生活服务返佣计划"里，找到你的店铺。

（2）团购达人 POI 团购挂商品

①团购达人 POI 团购挂商品的条件

团购达人 POI 团购挂商品的条件如下：

第一，自己已经申请成为团购达人。

第二，商家开通了团购功能。

②团购达人 POI 团购挂商品流程

团购达人做 POI 团购挂商品，首先自己要成为团购达人。团购达人 POI 团购挂商品的流程可以分为两大板块，分别是团购达人申请流程和团购达人 POI 团购挂商品流程。

团购达人申请流程：

第一步：打开抖音手机客户端 App，点击右上方的"🔍"图标，输入"团购达人中心申请入口"。或者点击"我"右上角"≡"。

第二步：在搜索结果中，找到并点击"团购达人成长中心"。或者点击"创作者服务中心"，再点击"全部"，再点击"团购带货"。

第三步：在"申请团购带货"页面，会看到团购达人的申请条件：实名认证；账号粉丝量≥1000。一般申请通过 24 小时后，就可以开始团购带货了。

团购达人 POI 团购挂商品流程：

第一步：打开手机客户端抖音 App，点击下方的"➕"按钮，在这里可以直接拍摄短视频，也可以选择事先拍摄并保存在手机相册里的视频。点击"下一步"。

第二步：在发布短视频前，点击"添加位置/门店推广"。进入"添加位置"页面，在搜索栏中输入你要添加推广商品所在门店的地理位置。然后点击"搜索",点击你要的正确地理位置。也可以在"门店推广"位置选择系统为你推荐的你附近的门店,有的门店直接显示返佣,可以点击进去,查看有哪些商品。

第三步:进入新页面后,在"全选所有供应商"前打钩,下方就会出现很多商品,选择你想要带货的商品,然后点击"添加"按钮。这时,在"添加位置/门店推广"的位置就会显示你添加的门店和商品。

第四步:点击最下方的"发布",则POI团购商品添加成功,在视频中就可以看到相关图标和团购商品链接。见图7-13。

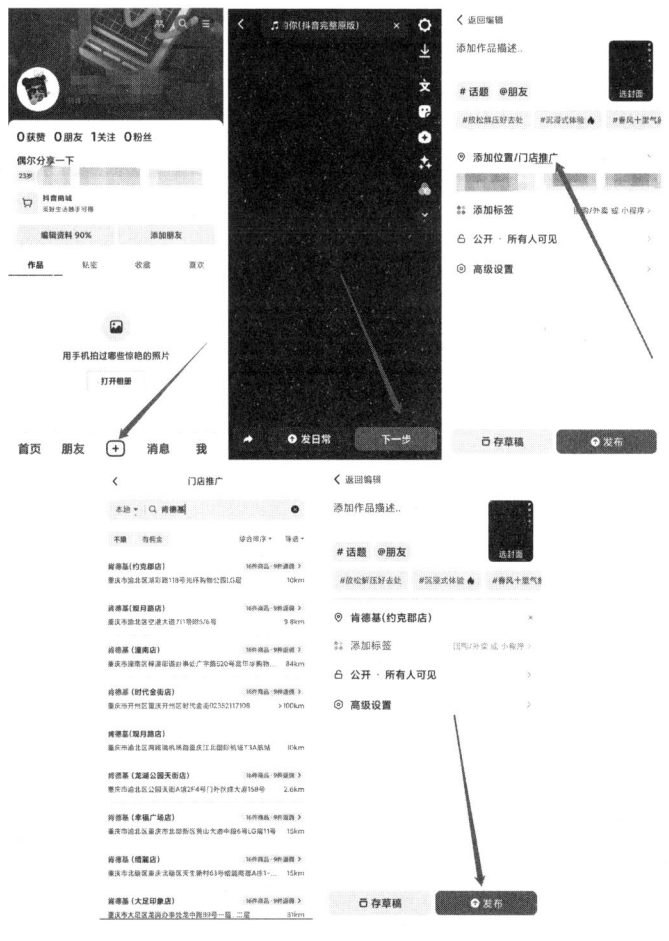

图7-13 团购达人POI团购挂商品流程

团购开通及商品添加

抖音平台有一个团购功能。"团购"通常是本地商家提供的在线营销方式，商家将产品或服务以团购券的形式在抖音平台上推广，用户可以在抖音平台上购买，并在线下店铺消费。通常，餐饮、美容美发、休闲娱乐、酒店旅游等生活服务商家都可以入驻团购。

1. 开通团购的好处

团购开通的申请方有两类，一类是团购达人，另一类是企业、商家。

对于团购达人而言，开通团购功能，一方面，可以帮助商家卖货从而赚取一定的佣金作为经济收入来源。另一方面，如果团购活动售卖的是商家的热销商品，可以提升自己的带货分值，有利于自己的带货事业。

对于企业、商家而言，开通团购功能虽然需要付出佣金邀请团购达人带货，却可以大范围为自己的品牌和产品做宣传推广，达到大幅提升品牌及产品流量和销量的目的。

2. 团购入口

团购在抖音短视频中的链接入口有两种。

第一种：直接在短视频下方出现一个"▣"图标和链接，即团购图标，如图7-14所示，这里是一些景区团购售票链接。用户点击该图标，页面就会跳转至团购页面购买门票。

第二种：在上一节中讲到的在抖音视频下方放一个"▣"图标，即定位图标，点击该图标，即进入店铺页面。这个地址链接是需要做POI认领之后，才可以添加团购信息的。

图 7-14　在视频上直接显示团购链接

关于视频挂地址链接团购以及两种挂团购方式的区别详见上文 POI 认领的内容。这里先讲解视频挂团购链接的操作。

3. 团购开通

（1）开通条件

①企业、商家开通团购的条件

企业、商家开通团购的条件包括：

第一，企业要通过蓝 V 认证。

第二，具有营业执照、经营卫生许可证、法人身份证、法人银行卡、开户行、预留号码。

②团购达人开通团购的条件

开通团购的条件，首先是成为团购达人，成为团购达人的条件如下：

第一，实名认证。

第二，账号粉丝量≥1000。

（2）团购开通流程

①企业、商家开通团购的流程

企业、商家做团购，通常为了吸引本地流量，会采用 POI 团购的模式。

企业、商家开通POI团购的流程在上一节中已有介绍。请参见上一节。

②团购达人开通团购的流程

团购达人开通团购，首先要申请成为团购达人。成为团购达人，团购也就随之开通了。关于申请成为团购达人的流程，其实也就是团购达人开通团购功能的流程。其流程在上一小节"团购达人POI团购挂商品的流程"部分有详细介绍，这里不再赘述。

4.团购挂商品

（1）企业、商家挂团购商品

企业、商家在视频中挂团购商品，通常是通过地理位置团购链接吸引本地用户流量消费的。所以，企业、商家开通团购的流程，与前文中企业POI团购挂商品的流程相同。这里不再赘述。

（2）团购达人挂团购商品

在视频挂团购链接的流程如下：

第一步：打开抖音手机客户端App，点击下方的"+"按钮，在这里可以直接拍摄短视频，也可以选择事先拍摄并保存在手机相册里的视频。点击"下一步"。

第二步：在发布之前，点击"添加标签"。进入"添加标签"页面后，点击"团购"。

第三步：在"添加团购"页面，搜索你想要推广的店铺名称，比如"肯德基"，点击"搜索"按钮。

第四步：在搜索结果中有很多团购商品可供选择添加。选择添加你想要推广的团购商品，点击"添加"。在跳转出的页面中，输入团购推广标题，即该团购商品的名称，然后点击右上方的"下一步"。

第五步：此时，页面又回到了作品发布之前的页面，在"添加作品描述"区域，输入与团购商品有关的文案，点击"发布"即可。见图7-15。

图 7-15　团购达人挂团购商品流程

5. POI 团购入口与普通团购入口的区别

POI 团购入口与普通团购入口的区别是：

区别一：POI 团购入口会呈现团购店铺的地址，普通团购入口则不会。

区别二：普通团购入口只能搜到有佣金的团购套餐商品，如果商家没有设置佣金，则团购达人在团购入口是搜不到这个套餐商品的。所以，建议团购达人在视频中挂团购链接的时候，在门店推广位置挂，即采用POI入口挂团购商品。好处如下：

第一，门店推广位置入口挂团购链接，虽然没有佣金，但这些商品必定是热门套餐商品。这一入口看似没有佣金可赚，但团购达人要想提升自己的带货分值，就需要有较高的带货销量。你挂的商品是热门套餐，就会因为团购套餐销量的提升而提升你的带货分值，有机会让你进入带货达人榜，从而获得平台给你拿广告费的资格。

第二，门店推广位置挂团购链接的入口，你可以只拍摄一条短视频，挂好几家门店。比如，你所在的城市有好几家某品牌的奶茶店，你只去了一家拍了短视频，但可以挂好几家店铺的团购链接。不管消费者买了哪家店铺的团购商品，你都可以赚到佣金。

具体操作流程是：点开"门店推广"，输入奶茶店的名称，多勾选几家该品牌的门店，然后点击"下一步"。最后随同短视频一并发布即可。

直播开通及商品上架

要想通过抖音赚取收益，直播是重要的渠道。那么如何开通直播和进行商品上架呢？操作如下。

1. 直播开通

（1）开通条件

直播的形式多样，可以是视频直播、语音直播、手游直播、电脑直播。大多数人会借助直播带货和内容打赏的形式赚取收益。这里对这两种形式的直播进行详细阐述。不同的直播形式，开通条件有所不同：

①直播带货开通条件

第一，实名认证。

第二，个人主页视频数量≥10。

第三，账号粉丝量≥1000。

②内容直播开通条件

只要完成实名认证即可开播，对粉丝数量和视频数量无要求。

（2）开通流程

第一步：打开抖音App，点击下方的"➕"按钮，点击最下方的"开直播"。

第二步：页面跳转后，最上方有"视频""语音""手游""电脑"这四种直播形式，如图7-16所示。你可以根据自己的需求选择。比如我们想要做视频直播，就点击"视频"。

第三步：在开始直播前需完成以下设置。

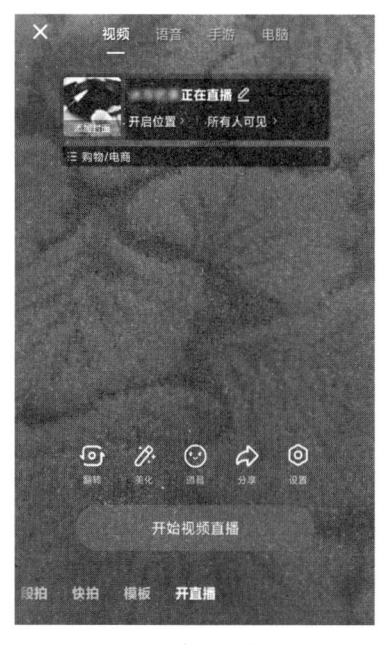

图 7-16 视频直播界面

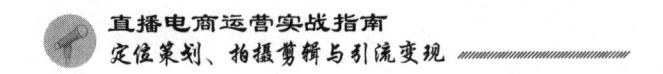

①"添加封面"

直播封面就相当于直播间的"门","门"好不好看,决定了能不能吸引用户推开进来观看你的直播。很多人做直播时,封面采取默认封面,即采用账号头像做封面。让封面更加吸引人要掌握以下三个原则:

原则一:干净高清;

原则二:突出人物标签和特点;

原则三:不要有低俗、暗示、诱惑等性质的内容。

②"开启位置"

点击"开启位置",当你直播时,就会出现在同城里,同城、附近的用户就可以看到你并进入你的直播间了。

③"所有人可见"

直播间的流量自然是越多越好,所以,在选择可见人群范围时要选择"所有人可见",确保吸引更多的用户进来围观。

④"选择直播内容"

选择精准直播内容,可能获得更多兴趣相投的观众。点击"选择直播内容",根据你的直播内容进行类目、细分选择。如果是做直播带货,选择"其他—购物/电商"。

⑤"翻转"

翻转,即根据直播需要反转直播摄像头。需要真人出镜时,用前置摄像头直播;需要给观众展示商品细节时,用后置摄像头直播。

⑥"美化"和"道具"

美化和道具其实是针对主播出镜时进行人物美化的美颜功能。可以根据自己需求进行设置。

⑦"分享"

分享，即将你的直播私信给朋友、分享到朋友圈或者QQ空间、分享给微信好友或者QQ好友。这一功能可以让更多的人知道你的直播间，帮助你增长直播间人气，提高流量。

⑧"设置"

进入"设置"，进行如下设置：

第一，启用"直播间介绍"。此时会看到，在封面处，系统会自动显示你的位置。在介绍栏中输入相关内容，向观众介绍你的直播特色与精彩内容，吸引他们留在你的直播间。然后点击"保存并修改"。观众进入直播间后，直播公屏上会自动显示你设置好直播介绍内容。

第二，"选择清晰度"。根据需要选择直播清晰度。通常，为了保证直播画面效果，要选择"高清"及以上的清晰度。

第三，开启"直播预告"。开通直播预告，可以在个人主页位置显示直播预告信息，吸引粉丝准时观看。也可以在直播的过程中将直播预告推送给观众，引导观众预约你的下一场直播，见图7-17。

图7-17 直播间直播预约公告

第四，"网络检测"。为了保证直播流畅性，要提前对网络进行检测。

第五，"录制高光"。"高光"是指在直播过程中最精彩的部分，如直播过程中有某位嘉宾出现，或者在直播时的某一个表现非常好，或者是主播的一个精彩话术。打开"录制高光",主播可录制该场直播,录制结束后,系统将根据直播讲解商品时,商品的售卖情况、观看人数等数据,自动生成一系列高光时刻短视频。在直播结束后,可以将直播高光视频进行编辑并发布。这样做可以带来两方面好处:一方面,以此吸引流量。使用高光回放功能发布的短视频可以为直播间带来更多的流量,其引流能力是正常短视频引流的2.1倍。另一方面,降低成本。自动生成高光时刻视频,无需单独录制,直播结束后可直接发布,节省短视频录制成本。

第六,"直播间发言权限"。"直播间发言权限"中一定要将"允许观众评论"打开,这是观众与主播互动的一种渠道。要选择"所有人",这样凡是进入直播间的人都可以发言与主播互动。

以上权限是一定要进行设置操作的,其他权限设置可以根据主播需要选择。

第四步:在做完所有直播设置后,就可以点击"开始视频直播",正式开始直播。

(3)发布直播高光短视频

将高光时刻短视频剪切到直播预告的前三秒,不但视频通过高光时刻提升了播放率,还能很好地吸引用户进入直播间。

那么如何发布直播高光时刻短视频呢?具体操作是:

在直播前打开"录制高光"功能,直播结束后,在个人主页点击"直播动态",在历史回顾中找到本次结束的直播回放,这里系统会为你保存几个高光片段,选择"高光视频",可以直接点击"去发布";也可以将其保存为草稿,将其导入剪映中再次编辑后发布,也可以点击"直接发布"。

2. 商品上架

开通直播后,如何将商品添加到"小黄车"中呢?

第一步:打开抖音手机客户端 App。

第二步:进入个人主页,打开抖音的"商品橱窗",点击"添加商品"。

第三步:进入新的页面后,在左上方点击"我的店铺",这里的商品就是抖音店铺中的商品。

第四步:选择想要添加到橱窗的商品,点击商品右方的"加橱窗"。此时,抖音店铺中的商品就已经添加到"商品橱窗"当中。

第五步:返回到要开直播的页面,点击"开直播"。这样,在开通直播之前,就可以在"商品"中选择要添加到直播间的商品。

第六步:进入"添加商品"页面后,有三种添加商品的路径,分别是"我的橱窗""我的小店""专属商品"。可以根据自己的需要,在这三个路径中选择想要的商品,将其添加到直播间的购物袋中,见图 7–18。

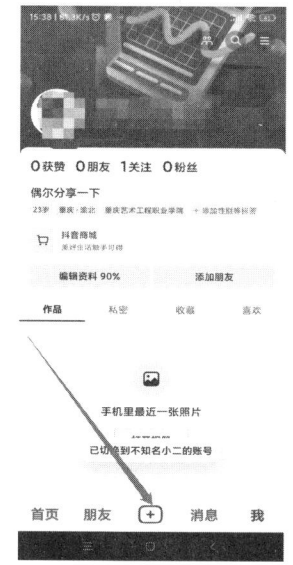

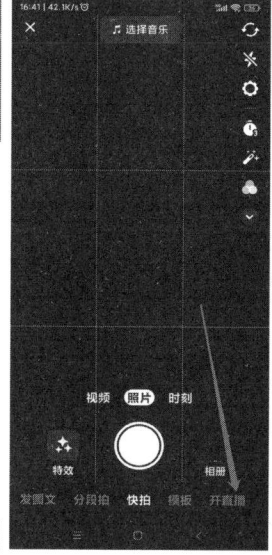

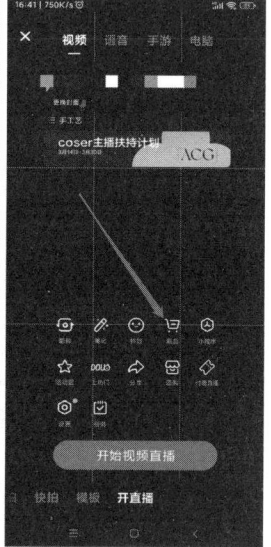

图 7–18

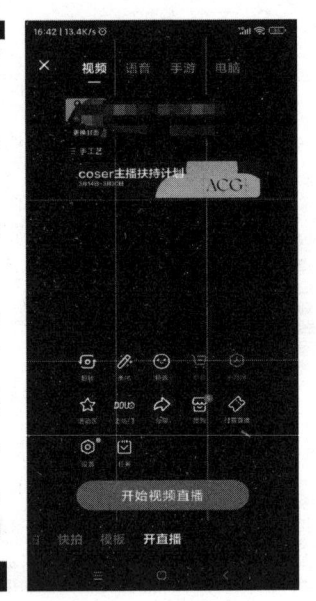

图 7-18　添加商品流程

第四篇
定位与策划：打造爆款短视频、直播，助推营销变现

第八章　优质短视频、直播定位先行

短视频、直播的出现为品牌营销打开了新格局。品牌要想借助短视频、直播实现精准营销，定位要先行。有精准定位，才有精准用户，才能实现精准营销。

平台定位：选择大于努力

进入短视频、直播领域前，首先要做的就是自我定位。对于创作者和主播来讲，好的定位能为后续的行动指明方向，能让自己在运营短视频和直播时做到有的放矢。

1. 常见短视频平台

（1）抖音

抖音是今日头条孵化的一款音乐创意短视频社交软件。

优势：为了做好内容生态，抖音在产品和运营上做了下了不少功夫，并一直致力于迎合年轻用户玩法的创新。抖音平台用户可以拍摄自己喜欢的作品内容，并配上自己喜欢的背景音乐和特效。在短视频领域，抖音无疑成为了全球最热门的短视频平台之一。抖音对用户时间的占据能力不容小觑。

（2）快手

快手是北京快手科技有限公司旗下的产品。

优势：如果说抖音是一个内容十分丰富的平台，那么快手则是一个充满奇闻趣事和民间高手的地方；如果说抖音更加注重打造爆款内容，通过内容增加用户黏性，那么快手则是一个注重用"老铁"社交关系与真实内容来提升用户黏性的平台。

（3）视频号

视频号是微信旗下的产品。

优势：视频号是一个内容记录与创作平台，也是一个了解他人、了解世界的窗口。视频号位于微信发现页内，内容以图片、视频为主，图片内容不超过9张，短视频时长不超过1分钟。视频号的主页还可以直接跳转公众号。

（4）淘宝短视频

淘宝短视频是继图文内容后开发的新功能。

优势：淘宝短视频通常出现在商品主图、详情页、店铺首页等位置。淘宝短视频相比图文形式的产品宣传和介绍，能更加直观地展示产品亮点，让用户更快做出购买决策。

（5）小红书

小红书是一款专注于记录当代年轻人正能量和美好生活的App。

优势：在内容方面，小红书更加偏向于美妆教程、穿搭技巧、护肤方法、旅游攻略、美食健身等领域。在小红书平台上，可以分享和发现世界的精彩。小红书通过机器学习对海量信息和人进行精准、高效匹配，因此斩获大规模用户。

（6）腾讯微视

腾讯微视是腾讯旗下的短视频创作平台。

优势：用户可以在平台上浏览别人的短视频内容，还可以创作和分享有关自己所见所闻的短视频作品。微视结合了微信与QQ等社交平台，用户可以直接将微视上的短视频作品分享给微信、QQ好友。

（7）美拍

美拍是美图秀秀推出的一款短视频软件。

优势：美拍拥有广泛的群众基础，吸引了众多爱美女性用户入驻。美拍素有"10秒出大片"的美誉。美拍可以通过各种特效对拍摄的短视频进行包装，从而呈现出"大片"的效果。凭借唯美的画质，美拍成为备受年轻女性追捧的短视频平台。

2. 常见直播平台

（1）抖音直播

抖音直播是抖音平台开通的直播功能。

①流量特点

抖音平台上的流量以公域流量为主，用户大多数来自一、二线城市。

②适合人群

无论是草根，还是"网红"、明星，或是专业主播，只要有超强的场控能力、带货能力，都可以做抖音直播主播。

③支持类目

抖音直播可支持的带货类目繁多，日常快消品等都是其支持的商品。

④吸粉变现

主播可以先利用抖音账号打造优质短视频内容，积累了大量的粉丝用户后，再通过直播带货实现变现。

（2）快手直播

快手直播是快手平台开通的直播功能。

①流量特点

快手平台将公域流量与私域流量打通，平台上聚集的是半公域流量半私域流量。流量用户以下沉的三、四线城市人群为主。

②适合人群

快手直播不挑人，无论是素人、个体商户还是品牌头部主播，都可以在快手直播。

③支持类目

快手同样支持日常快消品等众多类目，但由于平台用户的消费水平较低，所以适合售卖的是一些中低价位的产品。

④吸粉变现

快手直播除了与抖音直播相同的吸粉变现渠道，还对主播有特殊支持：在公域流量中，通过活动等运营，帮助主播账号在短时间内获得粉丝；在私域流量中，平台帮助主播运营培养粉丝，并进一步实现变现。

另外，快手的独特内容生态和社区氛围下构建了"老铁经济"，快手主播即使不用"买它"等催单话术，在直播间也可以在与受众聊天的不经意间将商品卖出去。

（3）淘宝直播

淘宝直播是淘宝开通的直播功能。

①流量特点

淘宝基于在电商领域多年来的经营和发展，积累了大规模来自各地的流量，因此淘宝直播的流量覆盖面也非常广泛。

②适合人群

做淘宝直播的人，可以是有自己的工厂或实体店、做商品批发或代购的人。

③支持类目

目前，淘宝直播开放的类目包括：服饰、美妆、母婴、运动户外、美食、数码、教育等。如果直播超出这个类目的产品，会被取消直播权限。

④吸粉变现

淘宝直播的流量入口有以下四种：

第一，淘宝直播有一个搜索功能，消费者可以通过关键词搜索自己想要看的直播内容。这也是淘宝直播的一种吸粉变现方式。

第二，淘宝直播还推出"关注""精选""热门"三大频道，为消费者推送精选、热门直播间。在消费者心中，"精选""热门"必定是"精品"以及受消费者认可的直播间。因此，凡是进入"精选""热门"频道的直播间，都可以快速获取流量。这也是淘宝直播吸粉变现的方式。

第三，淘宝直播推出了要给"全部分类"功能，消费者可以在这里找到自己想要观看的直播内容。这是淘宝直播的吸粉变现渠道之一。

第四，在淘宝直播首页最下方的导航栏里，有"品牌好货""直播商城""新奇发现"三大板块，这三大板块会分别为消费者推送优质直播间。因此，这也是淘宝直播获取流量的一种有效变现方法。

（4）视频号直播

视频号直播是微信旗下视频号开通的直播功能。

①流量特点

视频号直播得益于微信而作用于规模庞大用户流量。视频号直播用户以一二三四线城市居多，流量来源有两种：一种是系统分发的公域流量，另一种是账号拥有的自主流量，即私域流量。

②适合人群

在视频号上做直播的人，可以是普通素人，也可以是品牌头部主播或个人商家。

③支持类目

视频号直播可以售卖的商品类目同样具有多样化特点，包括数码产品、保健品、刀具、珠宝、文玩、字画、营养品、服饰、儿童玩具等产品，人们需要的多数商品都能通过视频号的直播销售。

④吸粉变现

视频号、公众号、微信号彼此之间可绑定，可以将公众号、微信号的私域流量带入直播间，进而实现用户留存与转化。

当下，短视频和直播平台有很多，而且各具特色。要根据自己的需求来

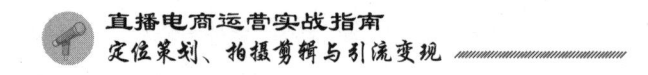

选择适合自己的短视频、直播平台。

账号定位：给用户一个关注你的理由

选好平台后，接下来就要做账号，而做账号首先要做好账号定位。一个优质的账号，能够形成自己独特的风格和特色，让其他短视频作品和直播主播无法轻易模仿和超越，使自身在这个领域中处于绝对优势地位，也给用户一个关注你的理由。

那么如何做账号定位呢？做账号定位，目的就是让自己与别人与众不同，建立属于自己的账号"品牌"，形成核心竞争力。

账号定位要从以下三点来进行：

1. 我是谁

"我是谁"的问题，其实变相地在问"我要扮演的角色是什么？""我要给人留下什么印象？""人们在提到我的时候，最先想到的是什么？"换句话说，就是要塑造属于自己的外貌特征，让用户快速了解你是谁。

比如：某达人在拍摄短视频时，全身穿黑色衣物，脸部也用黑色特效遮挡，给人一种神秘的感觉。在人们提到"特效""神秘""黑衣"的时候，第一个想到的就是他。

2. 我要做什么

关于"我要做什么"的问题，就是"我有什么爱好？我的能力如何？爱好与能力是否匹配？"回答"我要做什么"就是要发挥自己的优势，主攻自己所喜爱和擅长的领域。

比如：很多人都是做宠物类视频内容的，多数人做的内容侧重于各种宠物喂养，你的内容则是专注于宠物猫的精细化喂养，那么你的内容则较其他同类内容更垂直化。

垂直化的内容能更好地凸显自己的特点，让自己更有辨识度，更容易让用户记住。另外，用户也越来越喜欢垂直化的内容。内容创作是为了满足短视频、直播间用户的需求。如果内容的垂直程度不能迎合用户的喜好，内容质量再高也无济于事，也很难为你的短视频作品和直播带来理想的流量，进而影响后续产品的曝光量和销量。

3. 创意

短视频、直播内容有创意，才能更好地吸引用户互动兴趣，因为用户不但想观看短视频、直播，更想参与其中进行互动，增强乐趣。因此，在做内容定位的时候，一方面要注重稳定你的内容创作风格，另一方面要在形式和内容、技术上不断注入新鲜、新奇的创意，从而使短视频、直播内容更加优良，更容易吸引用户眼球。

4. 商业价值

无论做短视频还是做直播，最终的目的都是变现。因此，在做内容定位的时候，一定要注重融入商业价值。比如，你做短视频、直播的目的是通过内容实现带货变现。那么你的短视频、直播内容就应当围绕带货产品进行。可以是通过痛点内容引出产品，还可以是通过与产品相关的知识内容引出产品，还可以是产品能够产生的价值内容引出产品等。总之，做内容定位，商业价值不容忽视。

短视频、直播内容定位做得好，就选对了努力方向，那么你做短视频、直播也就成功了一大半。所以，做内容定位的时候应当多花些心思。

用户定位：知己知彼，百战不殆

有用户才有市场。想要做好短视频和直播，就要将目光集中在用户上。做好用户定位，就能知道自己的短视频作品和直播受众是谁。正所谓"知己知彼百战不殆"。明确用户定位，才能知道哪些用户未来可能成为自己的粉丝，并能够更好地帮助我们在后期通过短视频或直播带货的过程中实现精准变现。

在做好账号定位和内容定位后，接下来要做的就是用户定位。用户定位，简单来讲就是针对哪些人做内容，希望吸引哪些人。

比如：做美妆讲解，一般吸引的是爱美的时尚女性用户；做影视解说短视频，一般吸引的是喜欢看剧的用户。

那么该如何做用户定位呢？答案就是将内容标签与用户标签相匹配。短视频平台会通过给内容打标签的方式对内容进行分类，便于系统推荐给具有相同标签的用户。每一个短视频内容背后都有一个或多个标签，同时短视频平台也会给喜欢浏览的某类内容的用户打上标签。当内容标签与用户标签匹配度一致时，那么这些用户就是你的精准用户。

1. 从自身内容出发

无论什么类型的内容，都会吸引一系列受众。从自身内容出发是进行用户定位的一种简单的方法。这里又分为两种：

第一，确定要面向的是什么年龄段、性别的用户。不同的内容，通常面向的用户年龄、性别会有所不同。

比如：穿衣搭配类内容，通常面向的是20岁以上的女性，而不是16、17岁的女学生。当然，不同年龄段的人有不同的穿衣特点，不要将你的用户定位为所有20岁以上的全年龄段人，一定要做好各个年龄段的细分。

再比如：美食探店，通常面向的用户是20~25岁的年轻女性，因为这个年龄段的女性比较喜欢探店体验。

第二，思考面向哪个地区的用户。不同的内容也存在用户的地域差异性。因此，思考内容面向哪个地区的用户，也是用户定位的一个方向。

比如：对于宠物知识类内容而言，通常喜欢这类内容的受众应当是居住在城市里愿意将心思花在宠物身上的人。

2. 从用户行为属性出发

如果说从自身内容出发进行用户定位是一种正向用户定位方式，那么从用户行为属性出发则可以说是一种反向用户定位方式。

很多人在做用户定位时会存在这样的误区：

一是所有喜欢自己内容的人都是自己的目标用户，二是理所当然地认为自己所讲的内容目标用户都懂。

事实并非如此。比如你做的是母婴类方面的内容，因此就认为那些宝妈一定是自己的目标用户，但并不一定这类喜欢你短视频和直播内容的宝妈一定会在后期购买你的母婴产品。因为有些宝妈认为你的短视频和直播所传授的母婴知识对于她们来说很有用，但她们买东西从来不会在网上购买，认为网上的产品看得见却摸不着，没有网购习惯。这样的用户并不能算作你的精准目标用户。

俗话说："要想吃到鱼，就得像鱼儿一样思考。"内容创作与用户喜好是分不开的，所以我们要获得用户芳心，明确目标用户，就需要明确用户喜好。用户喜好是用户属性的一部分，明确用户喜好就需要通过分析用户属性实现。

用户属性包括年龄、性别、学历等。但判定用户是不是你的目标用户，并不能仅从这些基本的用户属性来判断，因为这类用户并不够精准。要想精准定位用户，还要结合用户的行为属性。因为一个人表现出来的行为是其对一件事情喜好的最真实体现。

那么如何通过用户行为属性和认知属性来进行用户定位呢？

具体而言，要从以下五方面进行：

（1）分析用户关注的账号类型数据

了解用户关注了哪些账号、喜欢哪些账号，是研究用户内容喜好的重要途径。

（2）分析用户最喜欢的视频类型数据

用户喜欢的视频类型往往具有很好的参考价值。所以，运营者要充分分析用户喜欢的视频的风格、题材、标题类型、封面特点等，以此来判断用户喜好。

（3）分析用户评论、点赞、转发最多的视频类型数据

用户评论、点赞、转发的短视频往往是用户感兴趣的类型。如果不感兴趣，是不会浪费自己的宝贵时间去互动的。因此，可以根据用户评论、点赞、转发行为判断用户喜好，进而推断出这些用户能否成为你的目标用户。

（4）分析用户产品偏好数据

做短视频和直播的最终目的是变现，带货变现是一个重要的变现途径。因此要提前做好用户产品偏好数据分析。用户产品偏好数据包括用户的收藏、加入购物车、购买等行为数据。这也是一个很好的判断用户偏好的方式。

（5）分析用户交易数据

用户交易数据，即用户的贡献率，包括销售转化率、回购率等数据。有交易才有变现、有交易，才能说明用户喜欢你的内容、喜欢你的产品。

通过对以上数据进行深入分析，可以洞察哪些用户可以成为自己的目标用户，并为其打上标签及赋予权重。标签体现的用户对某一内容、产品的兴趣、爱好、需求等。权重则是代表着用户偏好程度、需求程度。

如果用户标签与你的内容、产品标签相匹配，并且权重指数高，则意味着这个用户成为你的精准目标用户的概率大。

场景定位：好的场景更能提升用户停留时间

拍短视频、做直播，都离不开场景铺垫。用场景定位来提升用户停留时间，以达到吸粉引流、实现变现的目的。因此，场景定位是一种行之有效的生存方案。

那么选什么样的场景融入短视频作品，布置什么样的直播间场景呢？

1. 短视频场景定位

短视频场景定位，简言之就是根据短视频内容来决定。在短视频中，很多人的第一印象是被拍摄主体，但场景也是一个不容忽视的重要因素。场景的作用是完善、烘托、丰富内容的，可以使整个视频内容更出彩。场景搭建得好，可以更好地凸显主体，让主体脱颖而出。这就是所谓的"红花还需绿叶衬"。

（1）场景分类

短视频拍摄场景的类型通常分为两大类：

①室内场景

室内场景通常适合家庭、办公等剧情，相对来说偏向静态。室内场景包括以下五种：

第一，居家场景：居家场景通常用于展现家居日常、宠物日常等比较温馨的主题内容，向受众传递一种亲近、熟悉、没有隔阂感的信号。

第二，休闲场景：休闲场景通常用于游戏、餐饮等用于展现轻松氛围的内容，给受众呈现一种放松、惬意的感觉。

第三，办公场景：办公场景通常用于办公室日常等比较严谨、专业氛围的主题内容。

第四，绿幕场景：绿幕场景适用的行业不限，这样的场景布置简单、便捷，可以通过后期加工，实现与剧情内容相符的场景呈现。这类场景更多的适合偏向互联网、科技风格的内容。

第五，大型场景：大型场景通常用于医疗、房地产、健身等行业展示大面积产品的剧情，带给受众一种视觉上的触动感。

②室外场景

室外场景适用于室外具有动感的剧情，偏向动态。室外场景包括以下两种：

第一，自然场景：自然场景适用于户外运动、旅游等剧情，能够营造一种更加亲近、放松的氛围。这类场景取之于自然，无须人工搭建。

第二，大型场景：大型场景适用于真实的场面，如展示真实的交通、生产车间等剧情，给人一种真实感。

（2）场景选择

在同样的主题下，选择一个适合的场景，就好比穿了一件合身的衣服，能够让人精气神十足。短视频可以选择的场景类型有很多，究竟该如何选择合适的场景呢？具体操作步骤如下：

第一步：行业选择。首先要看拍摄的短视频内容所涉及的行业，然后根据行业和内容需要进行细致分析,结合实际来寻找适合的场景。

第二步:理解主题。即使是同一个行业,但短视频的主题不同,适用的场景也会有所不同。

比如:如果视频内容展示的是风筝飞行时的平衡性,需要选择的是户外场景,如果选择了工厂中生产风筝的场景,显然难以体现风筝飞翔时的平衡性。

第三步:梳理脚本。选择场景时,还应当根据脚本来定。在拿到脚本时,需要确认脚本内容,再梳理一遍脚本,根据里面的细节进行场景的选择。有的时候,细节决定成败。

比如:拍摄的是怀旧类短视频,那么拍摄场景最好是家庭场景,并使用能够引起人们怀旧情感的家居作为道具进行布置,如早期的黑白电视、录音机等,通过这些细节勾起人们对过去美好时光的回忆。

短视频的拍摄离不开场景的搭建。场景搭建得好,整个视频会变得更加丰富和出彩;搭建得不好,整个视频会单调乏味。把控好大局,做好场景搭建,拍摄出来的短视频才能更吸睛。

2. 直播间场景定位

场景对直播的效果有很大的影响。直播场景直接影响用户的第一印象,决定用户的停留时间。因此,做好直播间场景定位很重要。

(1)场景类型

直播间场景类型通常分为室内场景和户外场景两大类:

①室内场景

室内场景顾名思义就是在室内搭建的直播场景。这类场景也可以称为静态场景。室内场景通常包含以下五类：

第一，家庭场景：家庭场景通常适用于生活直播等，这些直播通常在家里就可以进行，给人一种轻松的感觉。

第二，实体店场景：实体店场景通常适用于电商直播。许多实体店为了推广自己的店铺和产品，会在自己的实体店内进行直播。这样的直播场景更具真实感，更容易赢得用户的信任。

第三，自定义场景：即根据直播内容需求和用户喜好搭建直播间场景，适用于直播电商、秀场直播等。

比如：主播要展示自己的古筝才艺，除了要穿着古典服饰，还要将直播间场景搭建成古色古香的样子，给人一种复古且身心惬意的感觉。

再比如：如果是推广鞋帽、美妆等品牌或销售产品，为了给受众更加直观的视觉感受，会将直播间场景搭建为货架式直播场景，以此营造一种实体店的感觉，给受众一种实体店的购物体验。

第四，绿幕场景：绿幕场景在直播间也是十分常见的场景类型。一般用绿幕当背景，然后后台用摄像头和电脑进行抠图与合成，可以根据给受众一种视觉上的协调感。

第五，大型场景：大型场景通常适用于直播间的主播或嘉宾等人数超过10人的直播，这类场景通常适用于教学培训、企业年会、新品发布会等直播。

②户外场景

户外场景是一种无须搭建、可以直接使用的直播场景类型。通常，在户外场景做直播，主播需要不断走动，因此也称为动态场景。

户外场景通常包含以下两种类型：

第一，自然场景：自然场景通常适用于旅游直播、体育直播等。自然场景是原本已经存在的场景，无须在直播前进行人工搭建。

第二，源头产地场景：源头产地场景很适合工厂店直播带货、农副产品直播带货等。这样的场景最大的优点就是给受众一种没有中间商、可以低价批发产品的感觉，能够更好地获得可观的销量。

（2）场景选择

直播场景的选择主要有四个思路：

①直播内容思路

对于那些靠打赏变现的主播而言，直播内容是重中之重，而直播内容又决定了直播场景。你选择做什么内容，就要围绕内容打造相应的直播场景，以达到内容与场景相契合的效果。

比如：线上培训或教学类直播就要借助黑板或白板、教鞭等搭建一个类似于教室讲台的场景。

②直播营销思路

在以直播营销为主的直播间，要根据直播主题、营销活动、特殊节日等，搭建相应的场景。

比如：如果是在新年节点上举办一场年货专场直播，那么直播场景就要围绕"新年"这个主题进行搭建，体现出新年喜庆的氛围。

③产品导向思路

产品导向思路其实也很好理解，就是以产品为整个直播间的核心，搭建与产品相呼应的场景。

比如：如果直播间主推的产品是美食，就要打造美食派对这样的场景；如果直播间主推的产品是羽绒服，就要搭建户外飘雪的场景，使产品与场景

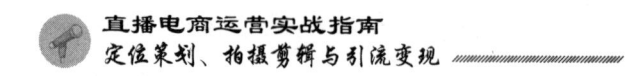

更加契合。

④主播导向思路

主播导向思路，就是根据主播的喜好及人设特征打造直播间场景，为直播加分。

比如：直播间虽然销售的是日常用品，但主播偏向于温馨的场景喜好，因此就用暖色以及带有暖色元素的饰品对直播间进行装饰和点缀。

定位直播场景、搭建直播场景前，首先要对自己的直播内容有清醒的认知，再结合产品与主播喜好搭建，这样的直播场景才能带来更好的直播效果。

风格定位：让账号形象更立体

在人们注重个性化的今天，如果你的短视频和直播风格与别人大同小异，就无法在激烈的同质化竞争中快速出圈，甚至还未"露脸"就会泯然众人。将短视频风格化，才能在受众心中占有一席之地，才能让短视频账号变得更加鲜活、立体。

那么如何让不同的账号所打造的短视频、所做的直播风格各不相同，甚至即便是同类内容，也能实现风格差异化定位？

相同内容类型的短视频，其风格的打造，主要是通过对短视频各个组成元素进行个性化创新来实现的。包括：

1. 内容创新

如果你的短视频内容新颖，颇具创新，那么你的短视频也就因此而别具一格，更容易吸引受众对作品点赞、评论和转发，更能吸引人们的关注。

内容创新，就要使你的短视频内容形成有效记忆点。在策划短视频的过程中要多看同类型短视频，从中找到做内容的感觉，并从中从别人所没有的创作过的角度出发进行创作，逐渐打造属于自己的风格，直到形成风格。

比如：抖音账号"某某柒"，在各大短视频平台上活跃度也很高，在国内外视频领域的知名度很高，深受粉丝的喜爱，就是因为其创作的视频作品，内容风格清新脱俗，给人以独一无二的个性感。

某某柒的视频内容全部拍摄于农村，她在农村生活，每天有很多农活要做，耕地、育秧苗、摘茄子、剪花草、打虫……这些对于生活在城市的人来说是十分新奇的内容，但对于某某柒来讲，却是日常生活中的一部分。某某柒总是能应四季而食，三月酿桃花酒；四月酿枇杷酒；五月酿樱桃酒、煨樱桃酱、烘樱桃干、调樱桃青柠饮；七月做紫薯饼；八月做苏式鲜肉月饼；九月酿桂花酒；十月红彤彤的柿子挂满墙；入冬时节便腌起了腊肉、香肠等。某某柒不仅能将美好倾注于食物当中，还能挖空心思去创造美好。

而这些应四季而制作的美食，使某某柒获得了"东方田园美食生活家"的雅号。这些也是她多数短视频内容的主题。

某某柒还有很强的动手能力，她能将废旧木板做成秋千架，再搭个顶棚，荡着秋千看着书，好不惬意；她还能将一个旧石槽改造为洗脸盆，再漆上桐油，一个复古、典雅、极具质感的洗手台就造出来了；一些茅草，某某柒随手一编，就制作出一个菜篮子；在某某柒眼里，吃剩的葡萄皮是极为天然的颜料，用这样的颜料给衣裙染色后，就能得到一件袅如紫嫣、飘飘欲仙的轻纱薄裙。

某某柒打造的这种田园古风作品充满了治愈的力量，也因此使得作品内容具有属于自己的风格，因此成为那些身处喧嚣都市生活的人向往、憧憬和喜爱的作品。

2. 主体创新

短视频的故事离不开人物、时间、地点三要素，其中人物即故事主体。对主体进行创新，也能够让你的短视频作品颇具风格。

比如：在充满现代化气息的今天，人们的穿着都十分时尚。有的短视频内容走怀旧线路，主体在拍摄的时候，在装扮、服饰上都十分接近20世纪七八十年代的风格。与现代时尚的着装相比，这就是一种主体上的创新。

3. 场景创新

场景起到统领作用，奠定了短视频的主要基调。每一个场景都是由许多个小场景构成的，而小场景则是短视频的闪光点。在进行场景创新的时候，可以将场景线细分，然后对细分场景进行创新设计。越是细分小场景的创新，越容易形成自己的短视频风格。

4. 背景音乐创新

每一条短视频都要配有背景音乐，背景音乐与短视频是一种共生、伴随的关系。背景音乐不但能烘托短视频中的情感，还能通过强烈的节奏感在受众当中形成记忆点，构建独有的短视频风格。

比如：抖音原创歌曲《生僻字》当时之所以火爆，就是因为这首背景音乐不仅使歌词与旋律所传递的情感得以表达，而且使生僻字背后汉字文化元素得以延伸，从而激发了人们的文化情感共鸣，具有极强的传播性。

短视频风格定位决定了你的内容能否在受众脑海中快速形成记忆。创造属于自己的风格，你也可以在同类视频内容领域独成一派。

第九章 爆款短视频内容策划与构思

做短视频的目的就是引流、变现,然而短视频制作得好是成功的关键。并不是每一条短视频都能带来可观的流量,为商品带来可观的销量。很多账号在投放短视频后,却一直没有得到关注、点赞,一直火不起来。究其原因在于短视频本身不能成为爆款。掌握爆款短视频内容策划与构思技巧,才能让你的短视频避免石沉大海。

内容原则:原创性、专业性、创新性

做爆款短视频,并不是随随便便就能成功的,每一位创作者都要给予十分的重视。打造爆款短视频,必须坚持以下原则。

1. 原创性

成为爆款短视频的首要原则就是原创性。如今,短视频平台的作品层出不穷,各大平台越来越重视内容的原创性,那些原创内容和生产者也得到了越来越多的认可和尊重。因此,无论什么主题的短视频,原创是重中之重。

如何打造原创内容?

(1)首发原创

首发原创,即完全是作者自己创作、第一次发布的作品。首发原创分为两种:

①真人出镜

真人出镜，即拍摄短视频的时候，由真人记录自己的日常生活方式。真人出镜具有很多优势：能够为你的账号快速打造个人品牌。当你拍摄的视频中会出现你这个人时，也是你对拍摄的视频作为原创作品的最好证明。

例如：某某柒所有的短视频都是真人出镜，通过拍摄家乡的一草一木、日月星河、四季更替，以及记录自己在田野乡间的日常生活，塑造了自己的田园风格原创视频内容。凭借首发原创内容，某某柒的每条短视频都能获得几十万甚至上百万的点赞，火爆了整个短视频领域。

②非真人出镜

如果不想真人出镜，非真人出镜也可以打造原创内容。当然还需要你有一项拿得出手的技能，如烘焙、书法、绘画等，再借助拍摄、剪辑、配乐、添字幕等方法加工成原创短视频。

（2）二次创作

二次创作也可以打造出原创内容。二次创作并不是简单的素材堆砌和拼凑，而是在原创视频的基础上进行更多的后期制作，包括剪辑、加字幕和特效、配乐等，从而让短视频内容变得更加丰富、信息更加饱满、思路更清晰、风格更明显的优质短视频内容，从而达到原创的效果和目的。

2. 专业性

当前，短视频要想在内容市场占有一席之地并成为行业爆款，需要靠专业性来突围。越是专业性强的内容，越能给人一种高质量内容的感觉，同时也可以使受众对你的账号内容产生专业性认同，使用户更容易被转化。为内容赋能，能有效提升账号的传播速度和吸粉速度。

如何输出专业内容呢？答案是围绕职业进行深度内容输出。术业有专攻，每个职业都有极强的专业性东西是行业之外的人从未见过的，也因此使专业性内容更具吸引力，更能引发人们的好奇和兴趣。

比如：消防垂直类目下的专业消防知识和操作、奢侈品垂直类目下皮具鉴定保养师的专业皮具保养操作等，这些内容都体现出极强的专业性。

在泛娱乐内容充斥的时代，专注专业化内容是打造爆款视频的不错切入点。职业代表专业，能够输出更硬核、更有价值的内容，你的账号就能留住更多的粉丝。

3. 创新性

如今，短视频内容可以说同质化特点凸显。在这样的情况下，如果有一个极具创新性的内容出现，自然可以吸引人眼球。没有创意的短视频很难成为爆款。

如何打造创意短视频呢？

（1）注入新鲜感

我们经常会看到有些账号的作品既新鲜又充满创意，给人赏心悦目的感觉。作为新手，需要平时积累素材，要多借鉴和学习优秀创作者的成功之处，还要善于挖掘自己的天赋、拓宽自己的思路，以此触发自己的创作灵感，为自己的作品注入新鲜血液。这样，你也可以像那些"大咖"一样，制作出爆款作品，吸引别人学习和模仿。

（2）展现形式创新

创新并不是只做别人所没有做过的内容，还可以通过展现形式的创新实现内容的创新。你的短视频的展现形式够有新意，也能吸引大批用户模仿，将你的短视频一举推上火爆巅峰。普通短视频内容中规中矩，没有鲜明特色。如果在拍摄的过程中，运用新技法、新特效，同样能为你的内容增色添彩，给人耳目一新的视听感受。

每一个能够成为爆款的短视频，必定有很强的辨识度，有自己的风格和特性。创作短视频内容，一定要拓宽思路，从而开启更多的新赛道，保持内容的新颖性。

内容选题：选题巧、受众广、共鸣强

做短视频，很多新手不知道该拍什么内容。内容选题就是要明确拍什么主题的视频。内容策划就是为视频内容的输出指明方向，使创作者在后续的内容创新过程中能够有章可循、有法可依。选题选好了，就成功了一半。

做好选题需要从以下三方面入手：

1. 选题巧

选题要想吸引人，关键在于一个"巧"字。选题选得巧，可以保证源源不断地输出视频，提升用户、粉丝黏性，而且更容易出精品内容和爆款视频，吸引更多的精准用户。

怎么才能做到"巧"呢？

（1）蹭热点

热点是流量的基础，人们对当下热点话题的关注度相当高。做短视频，找选题，必须蹭热点。如果你经常看短视频，就会发现，一个热点出现后，会有很多短视频围绕这个热点来进行创作。这种选题蹭热点的视频往往能获得较多的浏览量和关注。

那么如何找热点呢？最简单的找热点方法，就是点击抖音首页右上方的"🔍"图标，进入后就能看到"抖音热榜"，这里都是抖音上最新的热门话题。这些话题可以帮助运营团队结合进行短视频内容创作，而且借助热点创作出来的短视频内容能获得更多的流量。

除此以外，百度热搜榜、新浪热搜榜、微博热搜等榜单中同样有最新热点话题，是创作寻找热点的极好渠道。

（2）用户思维

用户喜欢的才是最好的。在进行短视频创作时，用用户思维去思考，站在用户角度去定选题，你的短视频自然能赢得用户的喜爱和青睐。

（3）对标同行爆款

每一个内容定位领域，都有优秀的创作账号，他们所打造的爆款短视频恰好是你选题灵感的最佳来源。要充分分析同行优秀账号的爆款短视频，看他们都是如何进行内容创作的，对他们的内容撰写技巧、短视频拍摄手法等进行分析、学习和参考，再结合自身特色，打造出属于自己的爆款短视频。

2.受众广

你的短视频作品面向的是大众，喜欢你的作品的人越多，你的作品越容易成为爆款。因此，在找选题的时候，一定要涉及大众元素，不但能提升观众的关注度，还能提升视频的传播效果。虽然做内容定位要注意垂直和细化，但单纯的垂直和细化会限制短视频内容的覆盖面，所以从垂直化切入的同时，还要注重选题中融入大众化的元素。否则，选题过于冷门或小众，没有人感兴趣，也很难成为爆款。

如何融入大众化元素？比如日常生活元素、家庭教育元素等都是可以应用的。

抖音上某个账号做微雕房屋类短视频，在定位上体现了十分垂直化的特点。但在内容选题上，则融入日常生活这类为大众所容易接受的元素。比如用微雕房屋、物件等还原了20世纪80年代的乡村场景：村口的电线杆、长满苔藓的石头阶梯、满圈的鸡鸭鹅、窗下的辣椒、墙角的扫把、烧火的土灶……每个人心中都有一座自己的老家，他的短视频则打造出很有温度、有味道的内容。不同年代的微缩老屋，让人们有极强的代入感，紧随而来的便是浓浓的乡愁，能够很好唤醒人们对儿时的怀念之情。这样的短视频内容赢

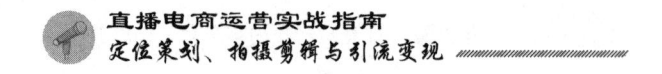

得了一大批怀旧用户的喜爱。

3. 共鸣强

能够引发用户强烈共鸣的选题，更容易让用户获得认同感，进而让用户将你的短视频分享和转发出去，在大众中传播开来，实现快速吸粉。共鸣强的短视频更容易做成爆款。

那么怎样做才能引起用户共鸣呢？

（1）身份共鸣

身份共鸣可以从广义和狭义两方面来说。广义上来说，比如"同住地球村"，引起身份共鸣；狭义上来说，比如清洁工、北漂族、白领等。从身份出发，讲述这个身份遇到的难题、值得纪念的事情等，可以引发相同身份的观众产生情感共鸣。

（2）观点共鸣

物以类聚，人以群分。具有相同观点的人往往会产生一种亲切感，人们往往愿意与有相同观点的人为伍。所以要找一些能够引起情绪共鸣的观点作为选题，以此触动受众，让受众的情绪因为你的观点而瞬间"波浪滔天"，让他们在评论区抒发自己的情绪，引发讨论，进而愿意涌向你，成为你的粉丝。因为他们觉得你说出了他们的心声。

（3）经历共鸣

很多人都会遇到相同的事情，遭遇相同的经历。用经历共鸣作为选题，可以引发具有相同经历的人产生情感共鸣，并将你的短视频分享给自己的"同类人"。那些怀念、感同身受、好奇等题材，都可以引发共鸣。

如果一个账号坚持日更，且内容选题模式很固定，各项数据也很稳定，那么就说明这个账号找到了适合自己的选题方向。

内容构思：有价值、有互动、有个性

短视频创作者要想持续产出优质内容，就要在做内容之前有清晰明了的构思。这是好内容诞生的前提。

构思内容要从以下三方面着手：

1. 有价值

随着短视频从早期发展至今，我们会发现以往的纯娱乐内容已经转向价值内容，这是因为短视频流量竞争已经转向了价值内容竞争。

价值内容，就是能够让受众真正受益的内容。具体而言，就是体现出实用价值、情绪价值、利益价值：

（1）实用价值

对于受众而言，能够为他们带来实实在在帮助的内容，才是有价值的内容。比如，能够增加他们学识、为他们答疑解惑、能够提升他们能力的内容等。这些内容能够让他们获得实实在在的提升，对于他们的成长有很大益处，他们会自发地转发或收藏。

比如：一些好物推荐类短视频，其价值就在于面向受众，为其推荐一些生活好物，能够帮助受众提升生活效率和品质，使生活变得更加便捷和舒适。

（2）情绪价值

每个人都有情绪需要释放，比如打工人需要释放工作压力。那些能通过

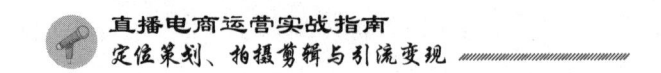

有趣的内容使人开心，瞬间释放内心压力的内容，往往具有情绪价值，更容易得到大范围传播。

（3）利益价值

与利益相关的东西通常会备受人们关注。利益价值内容，比如金钱、荣誉、名气等相关的内容，往往有很大的市场潜力。

比如：你的账号专门输出教授大众如何做账号运营、营销、变现等方面的干货内容，能够帮助受众轻松获得经济收益，就是具有利益价值的。

2. 有互动

短视频也要注重内容的互动性。很多短视频之所以能火起来，与它的互动性有很大关系。短视频本身通过点赞、评论、分享而具有了互动性，但更需要通过有互动性的内容加持，使互动性变得更强，从而对受众产生更强的吸引力。

（1）争议话题式互动

有争议的话题内容，往往会因为不同的观点而引发讨论，人们会争相表达自己的看法。

比如这样一段短视频内容："这就是世界上最烧脑的问题，究竟是先有鸡还是先有蛋？如果世界先有的鸡，那么鸡不是从蛋里孵化出来的吗？如果先有的蛋，那么蛋又是从哪里来的呢？大家认为到底是先有鸡还是先有蛋？评论区告诉我。"

有争议的话题，需要通过提问的形式使人们在评论区参与讨论。需要注意的是，你提出的有争议的话题不要太过复杂，否则会打消人们参与互动讨论的积极性。

（2）求教式互动

当然，还可以通过求教的方式来引发大家互动，积极给出你合理性建议。

求教式互动分为两种：

①征集意见

可以向有经验、有经历的人征集意见，让他们给你一些建设性意见。这样的内容既能很好地帮助你，又能很好地展现出别人助人为乐的一面，受众何乐而不为呢？

比如："这两天天气突然热了起来，大家有没有好玩的避暑胜地推荐一下？"

②答疑解惑

多数人是喜欢助人为乐的，也乐于答疑解惑。对于他们来讲，帮助别人就会身心愉悦，获得成就感。

比如："出门远行，路上看到一辆非常另类的车，这个车有点儿酷炫。有人知道这是什么车型吗？让我长长见识。"

（3）竞猜式互动

竞猜式互动，包括猜图、悬疑题、脑筋急转弯、星座测试、猜谜语等，这些内容以游戏的方式吸引人们参与进来纷纷给出答案。

3. 有个性

同一个内容定位的账号有千千万，其中不乏比你优秀的人。如何才能让你的账号在众多竞争者当中脱颖而出？关键要使构思的内容具有个性化特点。有了个性化，受众才能把你和其他竞争者区分开来，才有了关注你的理由，才能因为你与众不同的内容而记住你。

如何打造个性化内容？短视频往往具有故事性，要通过人物的语言、行为、形象来塑造故事内容。因此，语言个性化、行为个性化、形象个性化可以作为个性化内容的有效切入点。

（1）语言个性化

短视频平台上每天有数以万计的作品上传和发布，要想不在这些作品中被淹没，只有带有个性的优质内容才能赢得人心。好的短视频内容需要好的表达，语言是内容最直接的表达方式，语言的个性化能够凸显出内容的个性化。

比如：某搞笑博主就非常善用犀利的语言来讲述好笑有趣的内容，再配上充满个性化的声音和表演，就使其打造的内容给受众留下了极其深刻的印象。

（2）行为个性化

行为个性化，就是通过一种与众不同（如搞笑、夸张等）的行为，在短视频中进行沉淀，最终形成属于自己的个性化风格。从而使短视频内容呈现出个性化特点。

比如：某美食博主每次在短视频中都会双手合十，请求观众双击点赞，这个个性化动作成为其短视频中的标志，从而塑造出了他的美食类短视频内容的个性化特点。

（3）形象个性化

短视频中每一个角色都有属于自己的形象。形象个性化也能让你的内容在同类短视频内容领域快速出圈，成为爆款。

比如：某博主的视频内容，都是通过博主自己一人扮演多种角色来演绎人生百态。这种标新立异的形象打造方式使其作品脱颖而出。

（4）情节个性化

常规性的情节内容，人们习以为常，看了后内心不会激起任何波澜，看过即忘。你的内容一旦突破常规，人们会或多或少有所反应，这就是你打造的爆款内容所具备的优势。

做短视频内容，就像是排兵布阵，需要充分构思，这样才能让你的短视频内容具有核心竞争力。

内容布局：节奏好、结构佳、逻辑强

拍摄一段短视频，是需要进行策划的。除了选题、构思，重要的还有内容布局。好的内容布局能够赢得更多的点赞、评论和转发，让你的视频作品更快成为爆款。

内容布局，拆开来说，就是什么节奏、什么结构、表现什么逻辑的内容。做内容布局，就要做到节奏好、结构佳、逻辑强。

1. 节奏好

好的短视频，往往节奏快慢有序，给人一种舒适感。把握好视频内容的节奏感，会使你的短视频更容易吸引粉丝。

短视频内容的节奏感的打造依赖三个方面：

（1）画面要素变化

一条短视频内容首先要通过画面来呈现。画面的要素变化，包括人物、色彩、构图的变化，是节奏变化的基础。画面要素的科学性、合理性变化，根据内容情节的跌宕起伏，使画面衔接和过渡做到快慢恰当，从而让受众更好地随着画面的节奏而感知内容的变化。

（2）镜头运动、组接和特效

镜头运动、组接和特效是内容节奏变化的表现形式。内容节奏的把握重点在于结构的安排，在上下内容过渡的时候，采用引人注意的镜头或根据内容需要而运用一些象征性的空镜头，可以更具内容段落感、节奏感。

（3）解说、音效节拍变化

解说、音效节拍变化是内容节奏的辅助和补充。在内容变化的过程中，解说、音效节奏的快慢变化，可以控制受众的预期和情节设定之间的关系，会使受众因情节而产生的紧张、舒缓情绪随着你的解说、音效节拍的变化而变化，通过错落有致的听觉变化牢牢抓住受众的眼球。

2. 结构佳

很多新手在创作短视频内容时，结构分布很敷衍，这也是内容不足以吸引人的原因之一。好的内容结构是打造爆款短视频的基础和关键。

通常使用的短视频内容结构布局有两种形式：

（1）三段式

三段式结构，即"引入＋阐述＋升华"。

引入，即在开头提出问题。

阐述，即对这个问题的解决方法给出明确的清单，逐条进行阐述。

升华，即在最后结束的时候，告诉受众这个故事给人以什么启发。

三段式结构是最基本的内容结构。

比如，某账号的一段短视频开头提出一个问题："从小养在城里和养在乡下的田园犬有什么不同之处？"接着进行对比，分别描述两者之间的区别之处。最后总结："乡下养的田园犬得到了更多的锻炼，获得了更多的成长，人也如此。"

（2）四幕式结构

四幕式结构，即"引入问题+拆解问题+解决方案+方案拆解"。

比如，某账号的短视频内容采用了四幕式结构："睡觉落枕了怎么办？很多人会因为睡眠姿势不当，或者受凉而落枕。有的人落枕后会暴力按揉落枕的地方，这种做法是不对的。因为这种做法只能当时缓解疼痛，但之后会疼得更厉害。正确的做法是进行热敷，可以将热敷贴贴在斜方肌处的衣服上，也可以把暖水袋放在脖子处热敷，这样的效果会更好。"

3.逻辑强

短视频内容布局就像文章布局一样，要有强逻辑性，内容才能引人入胜。拥有好的展现逻辑的短视频，可以让受众更好地理解你的内容想要表达的主题。逻辑混乱则让人看后一头雾水，你的作品的完播率、点赞量、转发量就不高，难以成为爆款。

在进行短视频内容布局时，要注重逻辑感的打造。

（1）层层递进

人们对事物的认知和理解是由浅入深、由表及里、由易到难的。所以，在进行内容布局时，要注意运用层层递进的方式，让内容表达按照人类认知规律的先后顺序来进行。

（2）总分总式

总分总式是内容创作最常见的逻辑展现形式。总分总式，即先展现想要表达的中心思想，再去分别论证，最后进行总结。这样的逻辑内容展现形式更加符合人类的记忆结构。

某账号的一段短视频内容有很强的逻辑感，采用总分总的形式来展现，内容如下："爱美的女性要注意了，不健康爱美行为甚至会危及生命。有些爱美女性会去一些不正规的美容医院做一些项目，如采用激烈的方式减肥……这些都是没有科学依据的，反而会危害健康。相信每个人都有爱美之心，但是健康、安全的爱美才是至关重要的。"

短视频创作的内容布局十分重要。无论是节奏感，还是结构与逻辑，都要兼顾到。这才是一个爆款短视频应有的"素养"。

第五篇
拍摄与剪辑：全流程加工打造视觉盛宴

第十章　短视频拍摄前期准备

一条短视频拍得好不好，关键在于内容的品质。很多创作者认为，只要把内容做好就可以了，其实这不全面。任何一条短视频的成功创作，都需要做足各方面的准备工作，只有这样才能保证整个内容创作过程中都能有的放矢。

拍摄前脚本策划与准备

短视频拍摄少不了拍摄脚本的引导。什么是拍摄脚本？拍摄脚本就相当于一个拍摄的小剧本，我们在拍摄之前就要准备好脚本。在拍摄的时候，只要根据这个脚本的思路去按部就班地完成就可以了。

一个好的脚本，可以明确列出拍摄主题、拍摄时间、拍摄地点、画面内容、人物设置、场景设置、故事线索、景调运用、音乐运用、运镜方式等，让拍摄人员和演员能够有跟随脚本有序拍摄，有效节省了拍摄时间，也极大地提升了工作效率。做好脚本策划与准备，对于短视频拍摄至关重要。

在做脚本策划与准备时，应当注意做好以下十个方面：

1. 拍摄主题

在拍摄前，首先要定拍摄主题，明确拍摄的内容及面向哪些人。

比如：面向女性用户，拍摄时尚服装穿搭。这就是拍摄主题。

2. 拍摄时间和地点

拍摄短视频是需要协调时间和场地的，还需要摄影师和演员相互配合。如果协调不好拍摄时间和地点，整个拍摄工作也就难以开展。

3. 画面内容

短视频是需要通过画面来呈现的，人物、场景等都是构成画面的最基础元素。在拍摄前，要尽量构思好每个画面的内容，对于具体要拍摄什么画面，要有一个清晰的认知。

比如：要拍摄旅行美食类短视频，就要有旅行和美食的画面；要拍摄美食制作类短视频，就要有制作美食的画面。

4. 景别

景别，就是视频画面的取景范围大小、拍摄距离远近。不同的景别，拍摄出来的效果不同。景别分为远景、近景、中景、全景、特写。

（1）远景

远景即被拍摄人物以及其所处的环境、空间、活动场面。远景主要用来交代人物所处的环境和氛围，不注重人物细节，包括情绪、表情等，旨在通过其所处的环境来间接、含蓄地烘托人物的内心情绪。

（2）近景

近景是人物胸部以上，或者说是拍摄人物的上半身。近景通常用来展现人物表情。

（3）中景

中景是指人物膝盖以上的镜头。中景是表演性场面的常用景别。

（4）全景

全景是人物的全身及周围较小场景全貌的镜头。全景表现空间范围较大，人物所处的画面要留有一定的空间。

（5）特写

特写是近距离拍摄人物，通常以人体肩部以上的头像作为取景参照。主要用来突出人物的神情或是相关细节。

不同景别之间的区别如图 10-1 所示。

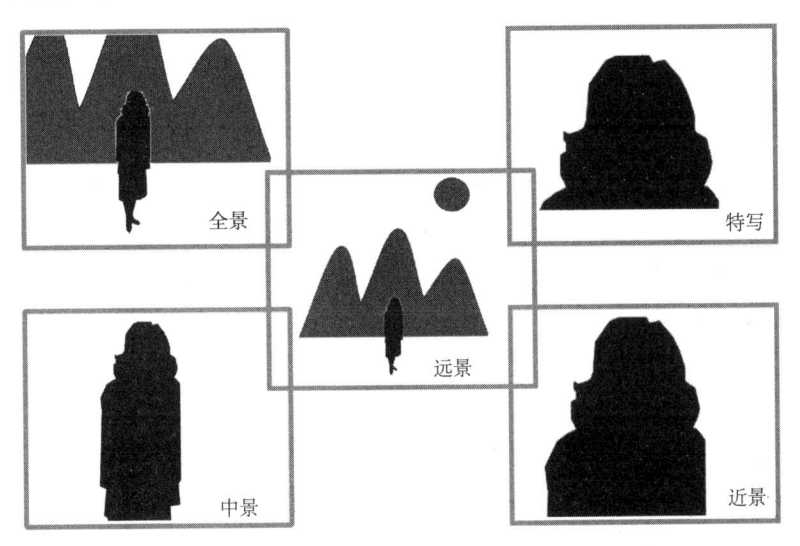

图 10-1　远景、近景、中景、全景、特写的区别

5. 分镜画面

拍摄的时候，往往一个镜头难以立体展现人物动作，需要通过 2~3 个角度分镜拍摄，以增强人物立体感，增强画面层次感。

比如：在拍摄一个摩托骑手快速通过时的画面，由于速度过快，难以用一个画面来传递出全部的内容信息。此时就要用分镜的形式来拍摄。先拍整个人物和摩托车主体，然后拍摄人物的脸，让受众看到人物的表情。这样拍摄能够极大地节约片场时间，还能让画面内容更加精准、全面地呈现。

6. 运镜

短视频画面是在不断运动和变化的，在拍摄的时候，要随着内容的不断推进而改变拍摄方式，这就是运镜。除了固定机位拍摄，还有推进运镜、后拉运镜、左右横移、上下升降、跟拍、环绕运镜、摇动运镜等运镜方式。

比如：拍摄一颗苹果从树上落下，要用到上下升降的运镜方式，当苹果落地后在地面滚动时，要用跟拍的形式来拍摄，多种运镜方式相结合，从而将苹果从落下到地面滚动的全过程很好地展现出来。

7. 拍摄机位

在拍摄的时候，需要不断调整机位来拉满画面的层次感。通常机位分为低机位、常规机位、高机位。拍摄角度可以分为仰拍、俯拍、平视。可以借助不同机位和拍摄角度的组合，变幻多种拍摄视角，让画面能够以更加独特的视角呈现。

8. 旁白

如果是没有人物出镜的短视频，在拍摄的过程中就需要有旁白来补充、解释和说明。旁白也是脚本策划和准备的项目之一。

9. 画面时长

在拍视频前，要明确拍摄的大概时长，以便更好地安排演员的表演时间。可以将拍摄时长稍做延长，以便后期剪辑时做灵活调整。

10. 背景音乐

拍摄的内容要匹配最适合的背景音乐，可以借助背景音乐来衬托、升华整个短视频内容。可以事先找多个背景音乐素材，等到后期剪辑配乐时再选择。

撰写脚本看似简单，却是对撰写者全方位的考验。撰写者需要用全局思维做取舍安排。

组建内容制作团队

短视频内容的制作，需要配备专门的制作团队来操盘。组建短视频制作团队，是短视频运营工作中非常重要的一环。一个优秀的制作团队，可以让短视频以高质量的内容持续输出，让短视频获得有效的成果。

如何组建短视频内容制作团队呢？

1. 明确成员岗位

好的内容创作团队，可以为账号带来更多优质内容。通常，一个成熟的短视频内容制作团队，其成员应当包括策划、演员、拍摄、剪辑、特效、运营等。各岗位成员要各司其职，做好自己应该做的事情。

（1）策划

策划扮演的是导演的角色，可以说是整个团队中的灵魂。策划主要负责根据内容定位进行选题策划，拍前根据短视频主题编写策划案和脚本，落实拍摄场地、所需道具、设备等，以及进行情景设计、风格确认，保证短视频按时按质完成，其工作贯穿内容制作的全过程。

（2）演员

对于需要人物出镜的短视频，就需要团队中配备出镜演员。出镜演员除了配合完成内容拍摄，还要充分读懂角色、饰演好角色，并要做好道具维护工作。

（3）拍摄

摄影师是拍摄整个短视频的主要负责人，需要根据内容运用各种镜头组合,把内容表达出来;还需要负责灯光、构图的处理,保证拍摄出来的画面呈现高质量。

(4)剪辑

剪辑师主要是对拍摄视频后期的成片进行处理,包括剪切、合成、制作、配音、文案字幕、视频调色等,让视频内容变得更加丰富和精彩。另外,在剪辑的过程中还要保持与摄影师的沟通,充分了解镜头语言想要表达的内容。

(5)特效

特效师也是团队建设过程中不容忽视的成员之一。精彩、新颖的内容,往往需要特效师融入创意特效。特效师主要的职责是完成特效制作、特效合成、特效优化、写实模仿,建立并维护特效素材库。

(6)运营

制作短视频内容,并不是只做内容,还需要运营人员在幕后做好内容与数据分析。运营人员的主要职责是了解平台的最新动态、热门玩法;挖掘用户数据,为用户画像;制定阶段性数据评估分析、进行详细的指标检测和舆情分析等,为内容制作提供重要的参考数据信息,确保拍摄的内容受到受众的喜爱。

内容制作团队具体成员对应的岗位职责如表 10-1 所示。

表10-1 内容制作团队成员及岗位职责

类别	职位	岗位职责			
策划	编导	规划选题	拍前优化	脚本撰写	情景设计	风格确认
演员	演员	角色认知	剧本演绎	服装自检	专业表演	道具维护
技术	拍摄	视频拍摄	场景选择	场景布置	设备准备	设备维护
	剪辑	后期剪辑	字幕添加	音效配置	图像处理	镜头衔接
	特效	特效制作	特效合成	特效优化	写实模仿	建立并维护素材库
运营	运营	了解平台动态	挖掘用户数据	构建用户画像	制定阶段性数据评估分析	指标检测和舆情分析

2.团队建设要点

在组建短视频制作团队时，要注意：专业的内容制作团队对保质保量地产出成果有着重要的作用。但团队不一定都要做到高配，根据自己团队的实力来组建即可。一般而言，小的短视频团队只需要3~4人，有的短视频团队在最初只由一个人来完成全部的日常内容制作也是十分常见的。如果团队成员有能力，或者在预算不太充足的情况下，一名团队成员可以身兼数职，这样能有效地缩减成本。

专业拍摄设备准备及选择

短视频内容需要一个精良制作的过程，需要齐全、专业的拍摄设备才能完成。对于视频创作者或者创作团队而言，选好设备对短视频的拍摄有着直接的影响。

那么拍摄短视频需要哪些专业设备呢？

1.拍摄设备

拍摄短视频，常用的拍摄设备有：

（1）智能手机

如今，智能手机成为人们日常生活、工作的标配。拍摄短视频也可以用智能手机来完成。智能手机体积小巧，携带方便，再加上如今视频拍摄软件和剪辑软件越来越多，通过一个软件就可以实现拍摄、剪辑、添加背景音乐、添加字幕等功能，这些基本可以满足你的拍摄需求。

（2）单反相机

单反相机是数码单镜反光相机，是一种专业性强的拍摄设备。单反相机的特点是可以根据个人需求调整光圈、曝光度、快门速度等，而且它的镜头也可以在广角镜头、长焦镜头、标准镜头之间切换，拍出来的视频画质要比智能手机好很多。但单反相机的价格要比智能手机昂贵，而且体积较大，便携性较差。

（3）摄像机

摄像机相比前两种拍摄设备而言，专业性更强，具有独立光圈、快门以及白平衡设置，拍摄起来很方便，操作也十分简单，内部存储功能强大。但是，其画质相比单反相机稍微逊色。摄像机体积巨大，摄影师如果长时间手持或肩扛摄影机，非常消耗体力，而且其价格相比前两种拍摄设备更加昂贵。

无论哪种拍摄设备，都可以帮助摄影师完成内容录制，选择哪一种要取决于短视频的需求和预算。

2. 辅助设备

在拍摄的时候，为了保持画面稳定和拍摄的便捷性，往往会需要一些辅助设备做支撑。

（1）三脚架

在追踪拍摄的时候，难免会出现拍摄设备抖动的情况，这样拍出来的效果实在是不如人意。一个拍摄支架或者三脚架就可以让这样的难题迎刃而解。在选择三脚架的时候，尽量选择摄像设备适用的三脚架。

（2）自拍杆

手机自拍杆可以帮助你通过遥控器完成多角度拍摄。自拍杆可以说是一种手机遥控拍摄助阵"神器"。

（3）手机外置摄像头

用手机外置摄像头拍摄，比直接用手机拍摄出来的视频画面更加清晰，人物形态也更加生动、自然。

（4）滑轨

滑轨也是一种常用的拍摄辅助设备，借助滑轨可以完成很多动作镜头的拍摄，如骑马、奔跑视频的拍摄。其最大的优点就是操作简单，能很好地稳定画面。缺点是在拍摄时容易受到场地的限制，只能在平坦的地面上铺设滑轨完成拍摄。

3. 录音设备

很多时候，拍摄环境嘈杂，会影响视频的音质效果。这时就需要配备录音设备，以起到收音的作用。通常，为了方便录制，常用的录音设备使用无线领夹式麦克风、手持式麦克风等，如图10-2所示。相较而言，无线领夹式麦克风可以解放双手，让演员更好地完成拍摄。建议优先使用领夹式无线麦克风。在选购时，一定要选择音量高、音质好、不失真的麦克风，以达到最佳声音效果。

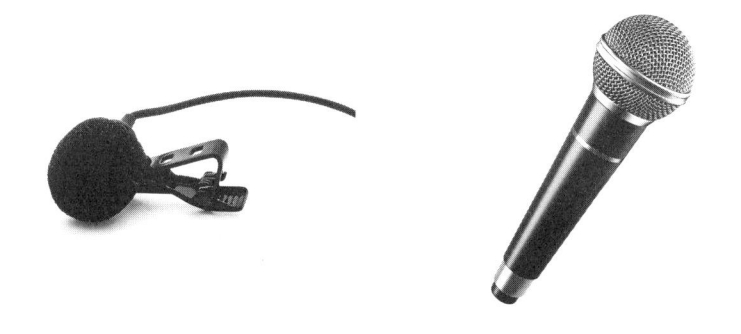

图10-2　无线领夹式麦克风（左）、手持式麦克风（右）

4. 照明设备

有时候，拍摄环境光线昏暗或不足，会使拍摄效果大打折扣。布光可以让拍摄画面更具艺术感，也使画面主体能够更好地被受众看清楚。对于日常拍摄来讲，无须选择太过专业的大型灯光设备，选择一些小型的LED补光灯、散光灯就足够了。在使用灯光设备时，还可配备一些相应的照明材料，如柔光板、反光板等，使得照明效果更佳。

内容制作必备专业剪辑神器

短视频内容策划很重要,拍摄也很重要,但如果没有经过剪辑,拍摄的视频只能算作半成品。剪辑视频的软件有很多,这里简要介绍三款常用的在手机上就可以轻松操作的专业剪辑软件:

1. 爱剪辑

爱剪辑是一款全能视频剪辑软件,非常适合用户使用习惯与功能需求。即便是新手,也能轻松操作,剪辑出出色的短视频。

爱剪辑有以下特点:

(1)操作简单

爱剪辑的界面设计简洁,合成剪辑操作易上手,只需要将视频放在左下角,点击"剪刀"就可以剪切。双击视频画面就可以添加字幕;点击"导出"就可以获得剪辑成片。对于新手来讲,爱剪辑很容易上手。

(2)资源丰富

爱剪辑拥有大量有趣的贴图、音效,以及丰富的字幕效果、转场特效和画面风格可供选择,用户只需要点击自己喜欢的模板,就可以轻松应用,充分满足了各种剪辑的需要。

2. Adobe Premiere Pro

Adobe Premiere Pro(Pr),是必不可少的视频剪辑神器。

Pr是当前教程最多、插件最多的剪辑软件,具有采集、剪辑、调色、美化音频、字幕添加、DVD刻录等功能,可以有效提升创作者的视频剪辑效率。如果你本身就有一定的剪辑基础,或者你对视频剪辑有较高的要求,那么 Pr 是很不错的选择。

3.剪映

剪映是一款功能非常丰富的视频剪辑软件，抖音官方出品的剪辑软件，支持在线边看边剪。剪映可以满足多种视频剪辑需求，帮助你剪辑出自己想要的视频。

（1）专业性强

剪映体现了更强的精专性特点。在精专方面，剪映具备智能功能，如智能纠错、智能字幕等，让短视频制作团队在操作的时候更加便利，还能有效减少内容创作者不必要的繁杂工作。

（2）功能齐全

剪映除了爱剪辑具备的基本的剪辑功能，还具备提词器、美颜、录屏、关键帧、模板、曲线变速等进阶功能。如果想让你的短视频呈现更加酷炫、科幻的效果，剪映是非常不错的选择。

由于剪映是抖音官方出品的剪辑软件，这里以剪映为参考，阐述几个常用的视频剪辑方法。

（1）登录

下载并打开剪映 App，点击右下方的"我的"。在"已阅读并同意"处打钩，点击"抖音登录"。页面跳转后，点击"同意授权"，即可登录成功。

（2）添加视频

点击"开始创作"，选择之前在抖音拍摄并保存在手机中的视频，点击"添加"。

（3）分割视频

添加视频后，点击左下方的"剪辑"。在"剪辑"的子菜单中，第一个功能是"分割"。点击"分割"，可以根据内容剧情的转折需要，将视频进行片段分割。

（4）变速

在"剪辑"的子菜单中，点击"变速"，有"常规变速"和"曲线变速"两种选择。变速可以对视频的播放速度进行快进和慢放处理。"常规变速"，即使得原视频按照倍速的方式进行变速；"曲线变速"则是按照一定的曲线方式进行错落有致的变速，如图 10-3 所示。

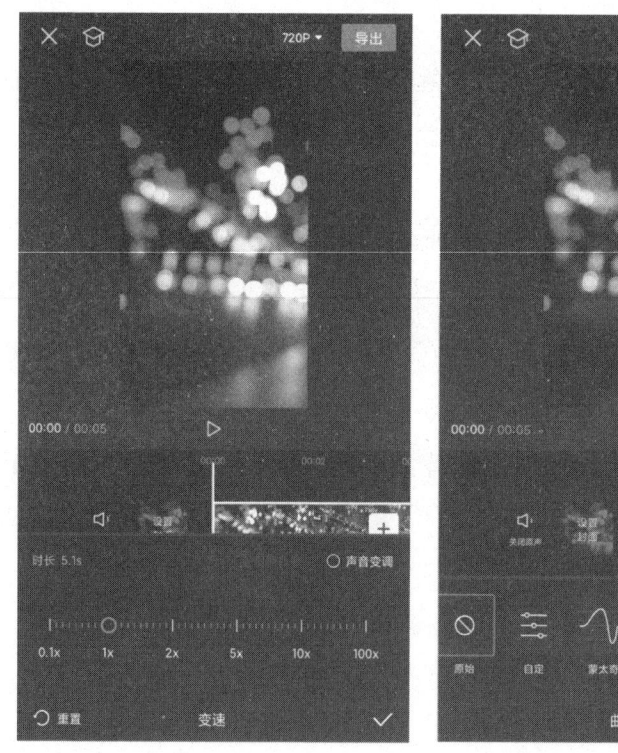

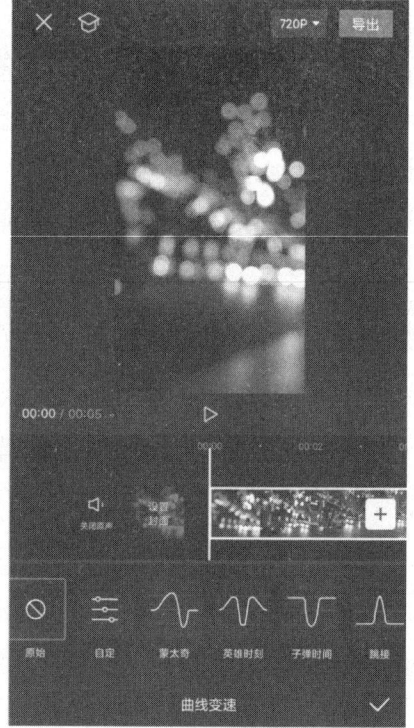

图 10-3　常规变速（左）与曲线变速（右）

需要注意的是，如果剪辑的视频保留了原声，那么进行变速调整会使原声也出现变形的情况。要想保留原声，可以在变速处理页面中勾选"声音变调"，让视频的声音也有一定的变调效果。

（5）动画

如果想让视频画面变得更加充满创意，可以借助动画的方式来呈现。

在"剪辑"的子菜单中，点击"动画"，有"入场动画""出场动画""组合动画"选项。可以根据自己的需要选择想要的动画形式或组合动画形式。如果动画时间过短或过长，可以拖动下方的进度条，设置"入场动画""出场动画""组合动画"的时长，如图10-4所示。

图10-4 入场动画、出场动画、组合动画设置

（6）画中画

画中画，就是在已有的画面基础上再叠加一个画面，从而营造出别具一格的画面效果。

在剪映中导入视频后，将手动拖动画面进度，在想要叠加画面的地方点击下方的"画中画"，然后点击"新增画中画"，在手机相册中选择想要添加的视频素材，点击"添加"。这时就出现一个画面叠加的效果，可以手动放大和缩小新添加的画面，达到最佳呈现效果，如图10-5所示。

图 10-5　画中画添加和调整效果

（7）添加音频、音效

在短视频剪辑后，就可以给内容添加音频了，让整个短视频内容在背景音乐的烘托下得到进一步升华。在剪映添加视频素材后，点击下方的"音频"，点击"音乐"，系统会根据你的内容推荐音乐，你可以在其中选择自己想要的音乐作为背景音乐，也可以在上方的搜索栏中输入想要的作为背景音乐的歌曲或歌手，如图 10-6 所示。

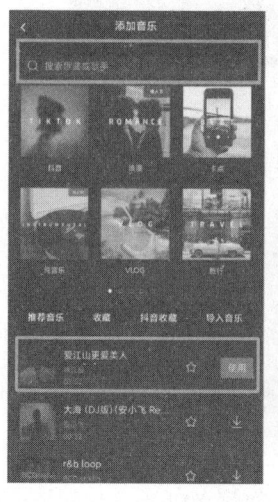

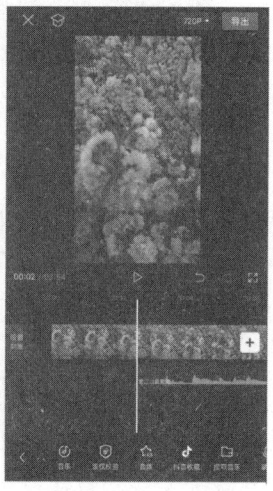

图 10-6　添加音频

音效主要在视频中起到很好的情绪共鸣的作用。在视频中融入音效，能够让你的视频摆脱平庸，产生更大的吸引力。在剪映中添加素材后，点击下方的"音频"，可以在添加背景音乐后，拖动视频进度条，在视频适当的位置点击"音效"，选择系统推荐的适合的音效，或者在搜索栏中输入你想要的音效关键词添加即可，如图10-7所示。

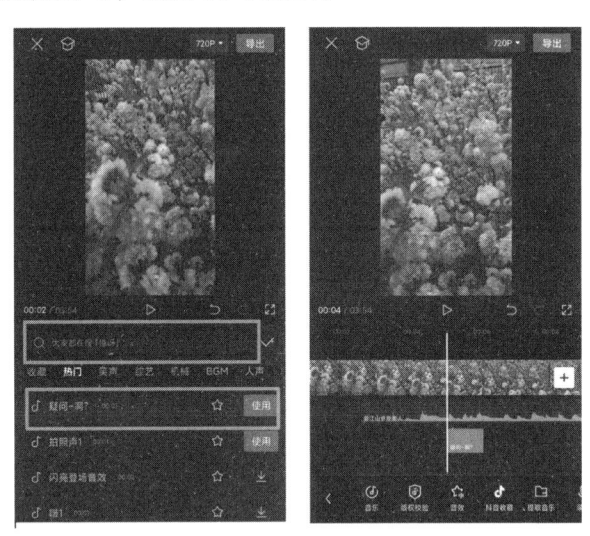

图 10-7 添加音效

（8）添加文字

有时候，视频录制的音效不清晰，在视频中添加字幕可以让受众通过文字更加清楚视频内容。在剪映中给短视频添加字幕，首先要添加视频素材，然后点击下方的"文字"，这里可以给短视频添加文本、贴纸、文字模板等，可以根据内容需要进行选择与添加。

（9）添加特效

特效可以美化视频画面，也可以使整个视频画面更具科技感。在剪映中给短视频添加特效，首先要添加视频素材，然后点击下方的"特效"。这里有"画面特效""人物特效""图片玩法"。"画面特效"就是让整个画面变得更"燃"，更加炫目；"人物特效"，就是通过情绪、头饰、身体等特效让视频中的人物变得更加鲜活；"图片玩法"就是让视频中的人物通过"AI绘画""表情""运镜""分割""人像风格""变脸""场景变换"发生变化，使画面变得更具特色。

（10）添加封面

封面的重要性在于能有效提升视频的打开率。用户在打开短视频之前，首先看到的就是封面。封面足够吸引人，才有人点击观看，也就决定了视频的打开率。

在剪映中添加视频素材后，点击下方的"设置封面"，然后点击"视频帧"，左右滑动选择一帧作为封面图。之后，点击左下方的"封面模板"，进入后，可以直接选择一个适合的模板，点击模板中的文字，可以将模板中原有的文字改为需要的文字内容。也可以在套用模板后，按手机返回键，再点击"添加文字"，将需要的文字添加到之前的模板中，对模板文字进行补充。最后点击"保存"即可。

一个饱满、鲜活、立体、醒目、紧凑、协调的唯美画面，需要拍摄与剪辑的协同配合。学会掌握基础剪辑方法和技巧，你的短视频才能更具鲜明特色与艺术感染力。

场地选择与场景布置

拍摄短视频要按计划开展，短视频拍摄对拍摄场地是有一定要求的。在拍摄前选好拍摄场地，才能保证拍摄过程更为顺畅。如果临时选场地，或者随随便便找个地方拍摄，最后拍出来的效果不尽如人意，何谈作品吸睛。

好的拍摄场地，能够让视频内容实现情境合一，给受众带来更好的视觉体验。场地分为内景和外景，内景就是在室内拍摄，外景就是在室外拍摄。

如果没有合适的拍摄场地，则需要人工搭建和布置场景。那么该如何选择场地和布置场景呢？

1. 选择场地

场地选择需要掌握以下技巧：

（1）场地与短视频内容风格相契合

拍摄场地是为内容服务的，所选的场地一定要保证短视频内容能够更好地呈现。在选择场地的时候，除了要根据内容考虑所选地点适合室内还是室外拍摄，还应当考虑场地是否与内容展示风格相契合。

（2）满足拍摄操作需求

在拍摄的过程中，往往对拍摄环境有较高的要求。如果拍摄场地人声嘈杂，有很多流动人员干扰，是不利于现场声音采样的；如果拍摄场地不适合拍摄器械铺设（比如滑轨），也不利于拍摄。

2. 布置场景

如果没有合适的拍摄场地供我们使用，那么就需要人工搭建场景。如何布置呢？

（1）饰品装饰

搭建高质量场景，最简单的方式就是借助装饰品，如把墙面刷成适合的颜色，或者增加一些书架、花卉、风景照装饰物等，营造出适合的拍摄场景。饰品装饰要遵循两个原则：

①装饰风格与内容调性相符

饰品装饰是为了让拍摄场景在视觉上给人以更加饱满的感受，但也不能忽视装饰风格与拍摄内容的整体调性之间的关系。如果是拍摄数码产品、人工智能类的短视频，就需要场景风格突出科技感；如果是拍摄节日、婚庆等主题内容，场景布置就要给人以温馨、喜庆、欢乐的感觉。

②饰品不能喧宾夺主

饰品在整个场景中只是起到点缀的作用，如果饰品过于抢眼，就会喧宾夺主。如果受众看完你的视频之后，没记住你的内容，反而记住了你的装饰品，这样的场景也就失去了其存在的意义，也背离了短视频拍摄的初衷。

（2）光线烘托氛围

在场景布置的时候，很多人会忽视光线的作用。布光也是一门非常讲究的学问。巧妙地借助辅助光、背光、测光等，可以使场景更加有层次感，营造出不一样的场景氛围。

（3）必要时使用绿幕

如今已经是信息科技时代了，如果你的团队有足够专业的技术能力，完全可以借助绿幕来实现一些用实物搭建既费时又费力、成本高的场景布置。用绿幕其实很简单，在拍摄结束后期，可以将绿幕部分做成透明，加上一些符合内容需求的场景，甚至还可以轻松做特效加持，使整个短视频画面感更强，更吸睛。

视频拍摄场地的选择和场景的布置无小事。能满足视频内容需求，能提升视频画面的质感，能使视频内容更好地吸引观众注意，那么你的场地选择和场景布置就是成功的。

第十一章　高品质短视频拍摄与制作

视频制作，对于创作者而言，无疑是一种考验。创作者不仅要做好视频定位，还需做好各项视频拍摄与制作规划，把控全局。一条能给人在视觉、听觉等方面带来与众不同感受的短视频，才能算作真正的高品质短视频。

拍摄运镜：高级感画面更易使作品出圈

短视频画面靠的是动态呈现。这就需要用到运镜。运镜，即运动的镜头，通过移动机位或者改变镜头，拍摄出动感十足的大片质感。

运镜有哪些技巧？

1. 推

推就是将镜头从远到近，逐渐靠近拍摄主体，使观众的视线从整体画面移动到主体的某一局部。

作用：拉镜头通过景别的变化，突出主体，增强用户代入感，使用户将目光更好地集中到主体人物上，从而看清楚每一个细节。

操作：拍摄者从远处匀速走向拍摄主体，使景别从远景、中景到近景，最后到特写。

应用场景：推镜头，通常用于短视频开头时人物出镜及结尾处突出主体时使用。

2. 拉

拉就是镜头从近到远，逐渐远离拍摄主体，使观众的视线从主体的某一局部移动到整个画面。

作用：拉镜头画面取景范围从小到大不断扩大，通过画面空间的变化，可以使空间上的画面形成由近到远的对比，也可以很好地表现出主体和主体所处环境之间的关系。

操作：拍摄者从近处到远处逐渐远离拍摄主体，使景别从近景逐渐过渡，最后到远景。

应用场景：在视频开始的时候，通过主体特写，如吃饭、睡觉等，逐渐拉远镜头，将观众带入主体所处的环境当中。

3. 摇

摇即摄像机机位不变，摇动摄像机镜头进行拍摄，使镜头画面出现变化和移动。

作用：摇镜头，从一个被拍摄主体转向另一个被拍摄主体，可以很好地描述主体所处的空间和环境，这是单个镜头所无法呈现的画面。

操作：保持机位不变，借助三脚架上的活动地盘或以拍摄者自身为支撑点，变动摄像机光学镜头轴线拍摄。

应用场景：摇镜头主要用于对整个环境中人物、物体的介绍。这种运镜方式更适合在山水风景、天空海洋等大范围拍摄场景中使用。

4. 移

移即摄像机固定在一个运载工具上，在水平方向上以一定的运动轨迹拍摄。

摇镜头和移镜头的区别是，前者相机不动，镜头围绕人物做左右摇动；后者人动、相机动，相机随着人物以相同的方向移动。

作用：移镜头可以很好地表现人物与环境关系，让受众产生身临其境的视觉感受。

操作：将摄像机固定在滑轨上，左右横移，人物向前移动，镜头跟着人物向同一方向移动。

应用场景：移镜头通常适用于开场人物介绍。比如做景点介绍时，利用移镜头拍摄，边走边拍，介绍景点好玩的地方，让用户有亲身体验的感觉。

5. 跟

跟，即通常所说的跟拍。是指摄影机随时跟着人物的移动而移动。

作用：跟镜头始终跟随被拍摄主体一同移动，使得画面可以详尽表现主体的活动情况和表情、动作，能够很好地引导用户视线。

操作：摄像机跟在人物后，追随人物运动拍摄。

应用场景：跟镜头适合跟拍奔跑的动物、行走的人物等，可以很好地表现动物或人物的连续动作、表情，使人物情感变化表达更加鲜明。

短视频运镜时要注意：

第一，运镜速度不宜过快，否则会使画面产生眩晕感，而且速度过快会产生抖动的情况，最好借助辅助器来完成运镜。

第二，在用运镜拍摄时，不需要每种运镜技巧都用上，选用2~3种即可。

好的运镜可以使短视频画面产生更好的质感，有效提升短视频档次。学习和掌握运镜技巧，是拍摄者的必备技能。

画面构图：和谐唯美的画面带来视觉盛宴

在拍摄过程中，恰当的构图不仅可以让人感觉主体明确，还会给人以视觉上的强烈冲击，失败的构图则难以给人美感，甚至会给人以杂乱无章的感觉。在拍摄的时候，可以采用不同的构图方式表达不同的主题内容，给观众带来良好的视觉盛宴，从而进一步引发观众继续观看内容的意愿。

1. 画面构成要素

短视频的画面构成要素主要包括：

（1）主体

主体就是画面中的主要拍摄对象，可以是人物，也可以是动物。主体是画面构图的结构中心。

（2）陪体

陪体就是与主体有紧密关系、起到辅助主体作用的拍摄对象。陪体看似不是画面构图的中心，却不能忽视其存在的重要性。陪体可以使画面更加丰富，但不能喧宾夺主。

（3）环境

主体和陪体活动的环境或场所也是画面构图中必备的元素。

2. 构图类型

画面构图的目的是让主体在画面中更加突出，引导人们去关注主体。常用的画面构图形式有以下七种：

（1）中心构图法

中心构图法，就是将被拍摄主体放在画面的中心位置，这样能使主体在整个画面种更加明确，如图11-1所示。

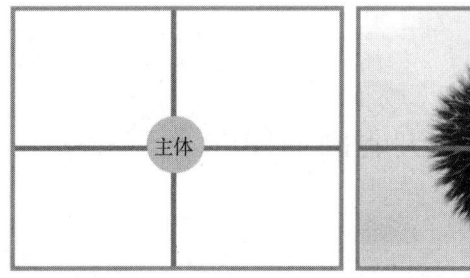

图11-1　中心构图法

中心构图法虽然不一定有很强烈的美感，但一定不会出什么大错，能够有效避免主体动一下就跳出画面的尴尬。另外，中心构图法也可以很好地表现主体的对称性，常与对称构图联合使用，将主体的对称点放在画面中心。因此，中心构图法可以说是一种最保险的构图法。

（2）九宫格构图法

九宫格构图法，也叫井字构图法，使用横竖两条线，以画"井"字的形式排布，将画面分为九等份。整个画面中，"井"字横竖的交叉点 A、B、C、D 就是主体所处的位置，如图 11-2 所示。

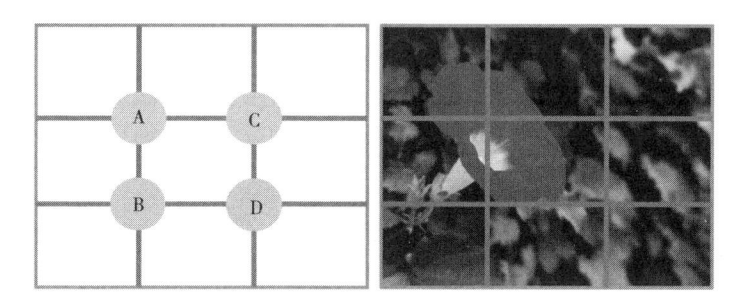

图 11-2　九宫格构图法

九宫格构图法中主体所处的位置恰好是视觉的兴趣点，能很好地吸引受众的眼球。无论人物还是自然风景、建筑等，都适用九宫格构图法。

（3）二分构图法/三分构图法

二分构图法就是将画面用两条线划分为两等分，画面主体占 1/2，如图 11-3 所示。这种构图法适用于拍摄天空和地面相交的地平线，将画面一分为二，给人以稳重感。

图 11-3　二分构图法

三分构图法就是将画面用三条线划分为三等分，画面主体占 1/3 或 2/3，如图 11-4 所示。这种构图法，画面简单，主体突出且不失平衡。

图 11-4　三分构图法

（4）对称构图法

对称构图法，就是将主体放在对称中心上，使整个画面上下对称、左右对称。如图 11-5 所示。采用这种拍摄方法，往往需要画面主体具有对称性，可以是上下对称，也可以是左右对称。对称构图法被称为最美的构图法。

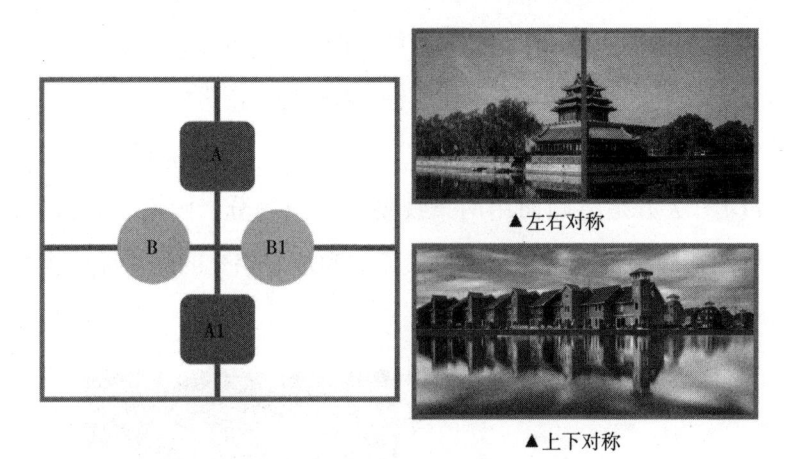

▲左右对称

▲上下对称

图 11-5　对称构图法

（5）对角线构图法

对角线构图法，即被拍摄主体沿着画面对角线方向延伸的方法构图。如图 11-6 所示。这种构图法能够让受众感受到被拍摄主体很强的动感和生命力。

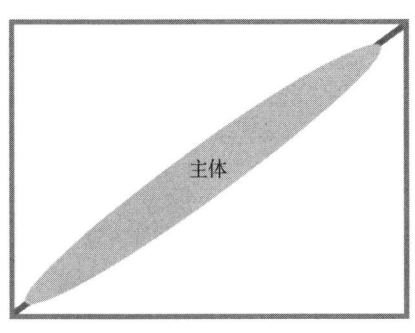

图 11-6　对角线构图法

（6）引导线构图法

引导线构图法，就是利用画面中的线条引导受众，让受众目光跟着线条的走向移动，如图 11-7 所示。这种构图法可以使用户视线聚焦到画面中的主要表达对象上，起到串联、融合画面主体与背景元素的作用。引导线不一定是笔直的，也可以是弯曲的。

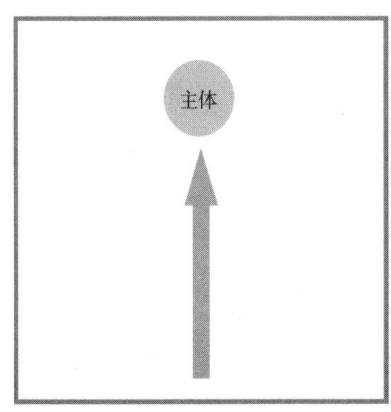

▲ 笔直引导线

▲ 弯曲引导线

图 11-7　引导线构图法

（7）框架构图法

框架构图法就是将主体放置于一个框架（如门窗、镜框、洞口等）中进行拍摄的方法，如图 11-8 所示。这种构图法可以有效增强空间的深度，增强画面的层次感，同时使受众的注意力受框架的影响集中在主体上，有效突出主体。

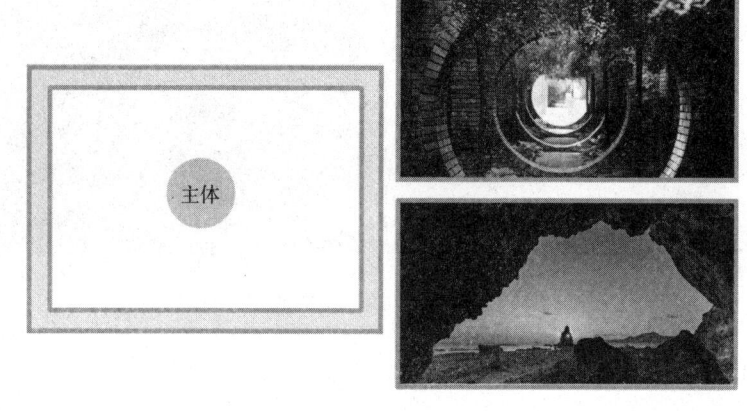

图 11-8　框架构图法

3. 构图要点

画面构图的好坏决定了短视频作品的成败。在掌握了基本构图方法之后，还需要避免很多基础性错误。以下是四个构图要点。

（1）突出主体

很多新手在拍摄的时候，生怕漏掉每一个细节，想要把自己认为的每一个美的细节都拍摄到，最终导致整个画面杂乱无章、无主体。这样的操作不可取。那么该怎么做呢？要对内容做减法，将一些不必要的元素去掉，避免画面内容产生主体分歧。

（2）注重比例

构图的主要作用就是平衡画面元素，从而达到统一和谐的视觉感受。主体占据过多空间会给人压迫感，主体过小会让主体没有存在感。因此画面构图应当讲究比例，以便达到更好的视觉平衡感。

（3）灵活构图

优良画面构图直接体现拍摄者的立意和构思的巧妙，也能更好地让受众记住你的短视频。在构图的时候要灵活，不要过于拘泥。可以运用一些有效的手法去实现，比如可以用对比法深化主题内容，用残缺法制造一种神秘感，通过留白给受众留下想象空间等。

（4）符合大众审美观

短视频画面构图的目的就是让作品产生更强的艺术感染力。但实现这一目的的基础就是短视频画面符合大众审美。在构图时，不仅应灵活运用构图方法大胆创新，还应以大众的审美观作为创作标准。画面构图其实也是一种审美情趣。

光线运用：巧用光与影的艺术增强画面质感

短视频拍摄少不了对光线的运用，优秀的摄影师更加注重光线布局，从而打造出质感极强的短视频作品。

光线也是有软硬之分的。有些光是硬的、刺目的、聚焦的、直接的；有的光是柔软的、柔和的、散射的、间接的。硬质光与软质光的对比如图 11-9 所示。

更柔和的软光　　稍微柔和的软光　　硬光

图 11-9　硬质光与软质光对比

硬质光能使被拍摄主体产生明暗对比，这样的光线有助于提升画面质感，使画面主体更有生气；软质光没有明确的方向性，是一种散射性质的高光，用于揭示被拍摄主体形状和色彩。

以下分享两种常用的光线布局技巧：

1. 自然光拍摄

自然光是一种最自然的光线。拍摄中，自然光产生的效果要优于人为打光的效果。一天中，不同的时间，自然光的角度和强度有所不同。借助自然光的这一特点，光线最好、最适合拍摄的时间是上午 9:00~11:00，下午 14:00~17:00。当然，也可以根据内容需要选择适合的时间段进行拍摄。如果想拍出朝气蓬勃的内容，可以选择早上初升时较为柔弱的光或上午的强光；如果拍摄的是落日相关的内容，就要选择傍晚时分的光线拍摄。

2. 打光拍摄

如果是室内拍摄，就需要利用照明设备打光拍摄。打光拍摄也是有技巧可循的。

（1）正面光

被拍摄主体面部或环境中光线不够的时候，就需要对其正对面补光，有效增强主体光效，如图 11-10 所示。

图 11-10　正面光补光

（2）侧面光

侧面补光通常作为辅助光源使用。在拍摄时，在被拍摄主体左右侧面45°~90°打光的光源都属于侧面光。从不同的角度对侧面补光会营造出丰富的光影变化，使被拍摄主体通过阴影的烘托更具戏剧张力或层次感，如图 11-11 所示。

图 11-11　侧面光补光

（3）逆光

逆光其实也叫"背面光"，即在被拍摄主体后面补光。背面补光只能照亮被拍摄主体的轮廓，过强的逆光会导致被拍摄主体的正面细节丢失，如图 11-12 所示。

图 11-12　逆光补光

（4）轮廓光

轮廓光就是将光照设备放在被拍摄主体背后，为被拍摄主体勾勒轮廓而采用的补光手法。这种补光手法需要在拍摄背景较暗的环境中使用，如图 11-13 所示。

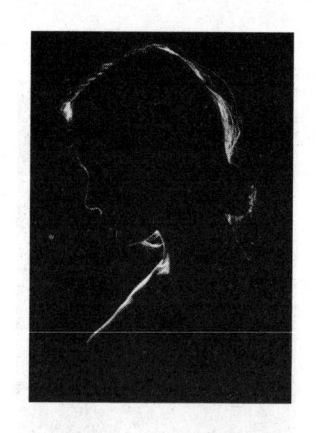

图 11-13　轮廓光补光

在拍摄过程中，为了达到某种效果会单独使用一种补光方法。在多数情况下，可以搭配使用多种光源，使画面感染力更强。

色彩搭配：给视觉艺术作品注入灵魂

在画面构成中，色彩是最基础的元素。我们生活在一个色彩变化的世界，很多时候短视频内容源于生活，因此短视频画面也应当是多姿多彩的。所以在拍摄的过程中要注重色彩的使用和搭配。好的色彩搭配能为短视频注入灵魂，使其成为一件视觉艺术作品。

1. 色彩三要素

色彩具备三要素，分别是：

（1）色相

色相，顾名思义就是色彩的相貌。我们熟悉的红、橙、黄、绿、青、蓝、紫，就是不同的基本色相。色相能够帮助我们对色彩进行区分和分类，让我们更加灵活地运用色彩。

（2）明度

明度是色彩的明暗、深浅程度。色彩越亮越接近白色，越暗越接近黑色。明度的变化能为画面带来更为独特的画面氛围。

（3）纯度

纯度就是色彩的纯净度，也称为饱和度。纯度不同，人们感受到的色彩特点也是不同的。颜色纯度较高，给人以力量的感觉；反之则给人以低沉的感觉。

2. 色彩的性格

不同的色彩具有不同的性格。了解色彩性格，对你拍摄时画面色彩的搭配大有裨益。

（1）色彩的冷暖

色彩有冷暖之分，不同的色彩会通过人们的视觉神经和社会心理产生不同的温度感。

暖色系给人温暖、热烈、激情、活力、开放和主动感。如红、橙、黄三种颜色，让人联想到太阳和火焰，给人以温暖的感觉。

冷色系给人冷静、理性、洁净、稳重、哲理、科技和神秘感。如青、蓝、绿色容易让人联想到广袤的天空、浩瀚的大海，给人以寒冷的感觉。

（2）色彩的轻重

色彩的轻重取决于以下三方面：

①明度

不同明度的色彩会使人感觉事物有轻有重。明度高的色彩或浅色调使人感觉轻；明度低的色彩或重色调使人感觉重。

② 纯度

色彩的轻重感也取决于纯度。通常，纯度高给人轻的感觉，纯度低给人重的感觉。

③ 色相

色相也是决定色彩轻重的重要因素。暖色系给人轻的感觉，冷色系给人重的感觉。

（3）色彩的软硬

与光线相同，色彩也有软硬之分。色彩的软硬感主要取决于明度和纯度。通常，高纯度和低明度的色彩给人以柔软的感觉，高明度和低纯度的色彩给人以坚硬的感觉。暖色系较软，冷色系较硬。

（4）颜色的强弱

色彩的强弱取决于色彩的知觉度。知觉度高的明亮、鲜艳的色彩具有强感，知觉度低的灰暗色彩具有弱感。有彩色系比无彩色系色彩感强。有彩色系以红色为最强。对比度强的配色具有强感，对比度弱的配色具有弱感。

3 摄影色彩搭配技巧

制作短视频时，一定要掌握摄影中的色彩搭配技巧。

（1）多使用鲜明的色块

拍摄时，尽量选择鲜明的色块，这样拍出来的画面既可以保持简洁，又给人以视觉上的冲击感。比如，万花丛中一点绿，可以让拍摄画面更加浓烈。

（2）突出画面的主色调

在色彩运用方面要有所取舍。主色调是整个画面中具有超强表现力的色调，就像文章的中心思想一样，一定要突出。

（3）恰当使用明度对比

明度高的色系给人一种明快感，在拍摄的时候，可以通过不同明度的对比，使画面更有冲击力、更吸引眼球。

封面制作：有效激发用户观看兴趣

短视频的封面是最先映入用户眼帘的部分，就像"门面"一样。封面其实就是通过截取视频的单帧图片形成的，视频的整体信息是要通过封面向用户传递的。如果你打造出的视频封面足够优质，那么必定能激发用户的观看兴趣，牢牢抓住受众的第一眼。封面是否具有吸引力，直接决定着短视频的打开率，进而影响着点赞量、评论量、分享率等，封面对于短视频而言具有举足轻重的作用。

如何才能打造出优质封面呢？

1. 画面清晰整洁

封面既有图画又有文字，是整个短视频内容信息的载体，一定要清晰，不能模糊。否则就失去了其存在的价值。另外，只有保证封面整洁干净，才能给人以视觉上的舒适感。否则画面杂乱不堪，会让人反感。

2. 色彩搭配和谐

封面不但要美观，还要视觉效果好，才能给人赏心悦目的感觉。封面在设计中要掌握明度、色相、纯度的关系，要保证色彩搭配和谐。封面没有色相冷暖对比，就会让人感觉缺乏生气；缺乏明度深浅对比，会让人感觉沉闷。好的色彩搭配能有效提升封面的艺术品位。

3. 构图要有美感

封面也是要讲究构图美感的。画面主体应当位于中心或讲究对称，这样看着更加美观，还能很好地突出信息。

例如，某萌宠账号，其所有的短视频封面都是猫占据画面的中心位置，不同封面体现了不同的猫宠服饰风格，如图11-14所示。

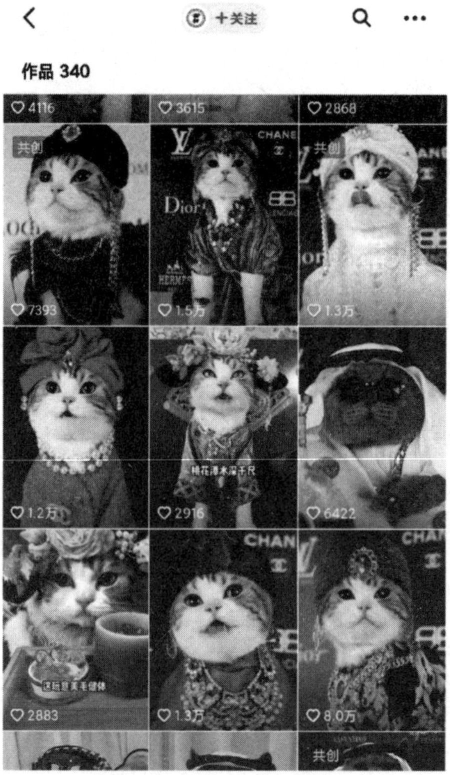

图11-14　某萌宠账号的封面

4. 与标题强关联

封面上通常要呈现标题内容，在截取封面图的时候，要让受众看到封面和标题之间的联系，封面一定要与标题相吻合，这样才能起到强化内容的作用。

5. 封面风格统一

封面是为了让受众被其所吸引从而打开视频。具有独特风格的封面，吸睛能力更强。封面风格体现了对封面内容整体的构思和想法，要在千篇一律的封面中给人眼前一亮的感觉，这样你的封面也就有了属于自己的风格。当你确定了自己的封面风格后，还应当保持所有视频封面风格一致，使其随着时间的推移逐渐沉淀下来，在受众脑海中形成固有印象，日后一看到短视频封面就知道这是你的短视频作品。

标题生成：爆款标题让人过目不忘

短视频也是有标题的。好的标题能给用户留下好的第一印象，让人过目不忘。标题和封面一样重要，决定了短视频的打开率。如果标题不能吸引人，即便你费尽心力做出了短视频，观看的人寥寥无几也是徒劳的。

1. 爆款标题套路

下面分享八个打造爆款标题的技巧。

（1）设置悬疑

每个人都有好奇心，标题设置悬疑感，可以引发受众好奇心，驱使他们点开短视频去观看。

比如："一个小朋友这样操作，最后结局亮了。""如果不是亲眼看到，我万万不敢相信这是真的。"

这样的标题，重在吸引观众去看视频寻找答案。

（2）利益诱导

标题中直接亮出"利益"，往往能让人积极观看视频，从中找到具有价值性的东西，提升自身技能、知识，让自己成长。

例如："三个步骤，让你快速提升学习成绩。""学会这三招，让你快速逆袭。"

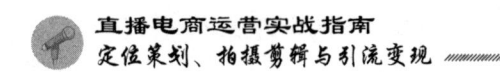

（3）情感动人

人都是有感情的动物，亲情、爱情、友情以及怀旧、共鸣、正能量等，充斥着我们的情感世界。感人至深的东西，往往最能触动人们心底最柔软的地方。

例如："小羊羔们蜷缩在由各自妈妈为他们打造的'温床'上，画面好温馨。"

（4）列举数字

很多标题中会放入数字，这样的标题可以使短视频更具说服力。

例如："90%的人这件事都做错了。"

（5）提出疑问/反问

疑问或反问式标题，即抛出一个观点进行疑问或反问，用户会因为疑问或反问而思考，迫切想知道答案。这样的标题更容易激发用户继续观看视频的热情。

例如："你们家是不是也有同款充满好奇心的猫啊？"

（6）热门话题

热门话题本身就很"热"，很容易吸睛。在标题中添加热门话题，既可以借助时下热门话题，也可以自己创造话题，并引发广大用户对这个话题一起进行讨论，这样能够增加内容被曝光的机会。

例如："在神舟十五号载人飞船上看地球是什么体验？"

（7）趣味猜想

生动、幽默、有趣的语言可以让标题变得活泼俏皮，再加上恰当的修辞手法，使受众乐意评论与分享。

例如："假如古代也有朋友圈。"

（8）争议话题

争议话题做标题，很容易引发用户讨论，使你的短视频因此而爆火。

例如："北方和南方的冬天你更喜欢哪一个？"

2. 标题要点

爆款标题需要具备以下要点：

（1）精准表达

标题是对短视频内容的概括，一定要精准表达，让受众看到你的标题就能大概了解你的短视频内容。

（2）标新立异

标题中要加入一些与主题相关的创意元素，才能让整个标题更加活泼、有趣，快速抓住受众的注意力。

（3）避免"标题党"

标题吸睛是设置标题的初衷。但如果为了吸引人而做"标题党"，会让受众反感，久而久之有损账号形象。

标题的好坏与短视频能否爆红有很大关系。做标题不可马虎，要多下功夫才行。

文案撰写：快速提升短视频吸睛能力

短视频下方通常会有几行文字，这就是短视频文案。优秀的文案蕴含矛盾、夹带激情、具有煽情性。有的视频看上去内容平平，但在技术含量极高的文案的衬托下，却能让内容瞬间升华，并斩获几十万甚至上百万的点赞和评论，这就是文案的力量。

文案是短视频获取流量的密码。如何撰写文案才能快速提升短视频的吸睛能力呢？

1. 文案撰写的技巧

文案撰写有以下七种技巧：

（1）正话反说

正话反说是常见的文案撰写方式。这类文案往往不按常理出牌，让人感觉既在意料之外，又在情理之中。

例如："用过这款面膜后，我后悔了，为什么没有早点儿买？"

（2）痛点展示

在文案中将很多人在生活、工作、学习中遇到的痛点展示出来，这样的文案能够直达用户内心，引发用户共鸣。

例如："谁还经常因为洗碗而吵架？一定要试试它。"

（3）效果展示

在文案中直接向受众展示产品使用前后对比效果。

例如："这款衣服真是绝绝子，穿上后视觉上秒瘦10斤！"

（4）引发互动

短视频文案可以设置一些开放性话题，引发受众互动。

例如："有养狗经验的可不可以告诉我，它哼哼唧唧的是要表达什么呢？"

（5）正常叙事

正常叙事就是通过文案介绍短视频中发生的故事内容。

例如："爬完泰山后，是真的控制不住脚抖。"

（6）励志煽情

励志煽情的文案往往给人以奋进、共情感，能激发受众共谋发展、追求真善美的热情。

例如："坚持了3个月，从150斤减到120斤，原来我可以做到！"

（7）制造反思

通过反问的方式制造反思，让受众产生担心和疑虑，想要从短视频中对标自己的行为，并从短视频中积极寻求改变的方法。

例如："我们每天都在喝水，你喝对了吗？"

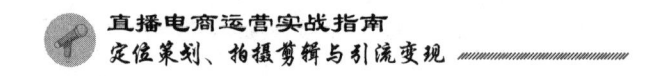

2. 文案撰写的要点

文案撰写就像戏剧创作，要有章法，而不是随意编造。掌握以下文案撰写要点，可以为你的文案加分添色。

（1）明确主题

在撰写文案之前要明确主题内容，通过文案向受众传达主题信息。

（2）结构清晰

文案虽然简短，但也要做到结构清晰，让受众看了你的文案能够思路清晰地接收你传达的信息。

（3）语言易懂

文案是短视频与受众沟通的语言，通俗易懂、生动形象的文案能让受众看了之后轻松理解你想要表达的内容。

（4）"有钩子"

用户每天刷到的短视频有很多，真正让他们驻足的是能勾起他们观看欲望的内容。文案中也要学会"放钩子"，激发观众的观看兴趣，让受众有更多的停留时间。

好的文案不仅能给短视频加分，有的时候甚至是成就爆款短视频的密码。掌握以上操作方法，文案撰写也并非难事。

第十二章　爆款短视频剪辑与优化

短视频拍摄与制作完成，并不意味着万事大吉，更不意味着你的短视频能一举成为爆款。后期剪辑与优化的每一个细节性操作都不能略过。通过对视频进行剪辑与优化调整，短视频整体才会给人以更精良的质感和更强烈的冲击感。

视频剪辑：精美作品源自精心剪辑

高质量短视频不但包含了优质内容的打造，还经过了后期剪辑加工的辅助。最初拍摄的短视频是比较粗糙的，经过剪辑润色之后，一个饱满、鲜活、紧凑、协调的短视频才会呈现出来。

视频剪辑是对拍摄完成的作品通过进行剪切和编辑。关于如何给短视频进行剪辑的细节性操作，在第十章的"内容制作必备专业剪辑神器"中已经做过详细介绍，这里不再赘述。做好剪辑工作，要把握以下五点。

1. 明确风格方向

短视频建立起独有的风格，才能快速脱颖而出。在前期拍摄的时候，摄影师想方设法拍出与风格定位相符的视频，后期剪辑也应当做好整体风格把控，确保与拍摄时的短视频风格一致。

2. 精准把握结构

短视频内容是有逻辑和结构的，在后期剪辑的时候，要注重剪辑结构的流畅性、严谨性，让内容逻辑更加清晰，结构更易于把握。

3. 准确控制节奏

短视频内容往往会随着故事情节的变化而此起彼伏，在剪辑的时候，要根据剧情需要、人物情感变化，控制叙事节奏，让故事内容有张有弛、错落有致，能让观众产生强烈的代入感。

4. 注重视听体验

一条优秀的短视频在剪辑的过程中，可以通过震撼的画面与音乐，时刻牢抓受众的眼与耳，给受众带来优质的视听体验，进而让受众全身心地投入短视频内容中。

5. 动作切入流畅

在剪切的过程中，还应充分考虑到上一个镜头动作与下一个镜头之间的衔接的流畅性。衔接得自然，可以在视觉上给人以连贯性。

精美的视频作品，需要专业的拍摄，更需要精心的剪辑。前者是基础，后者是优化。掌握以上剪辑技巧，可以让你的剪辑水平显著提升。

作品片头：巧借黄金前三秒吸引用户

一条短视频的开头是否吸引人，对用户是否继续观看起着决定性作用。好的片头不仅能吸引受众观看，还能让受众愿意从头看到尾。短视频的完播率得到提升，系统就会自动判定你的视频是用户喜欢的视频，进而增加对该视频的推送。相反，如果用户没有继续看完，则视频完播率低，系统就会判断你的视频不是用户喜欢的类型，就会减少推送。

开头的好坏决定了视频流量的多寡。优秀的剪辑师往往十分注重用片头的黄金前三秒吸引用户。如何利用好黄金前三秒呢？

1. 精彩前置

拍摄短视频时，一般会按照剧情的发展和延伸去按顺序拍摄，但这样的视频开头通常平平无奇，不能让用户内心荡起一丝波澜。这就需要剪辑师在剪辑的过程中，将视频中最精彩的部分进行剪辑，并放在最开始的时候，与完整的视频内容黏合在一起，让用户在看到如此精彩的片头内容时产生观看后面内容的强烈欲望。这是很多视频创作者惯用的前三秒吸睛手法，简单易操作。

比如：可以将一则搞笑短视频的爆点前置，让用户在开头就觉得这条短视频趣味性、喜剧效果十足。

2. 疑问前置

在视频开头就将短视频中的疑问剪切出来并在开头播放，让用户对这个疑问的答案产生好奇，想在视频中找到答案。

比如："或许你不记得他的名字，但你一定听过他的歌。"

3. 价值前置

将内容中最具价值的东西剪切出来放在开头。视频一开始就要告诉用户，你的视频能给用户带来什么价值，用户可以从中收获什么。如果用户对你在开头就抛出的价值感兴趣，就会继续观看后面的内容，有助于提升短视频的完播率。

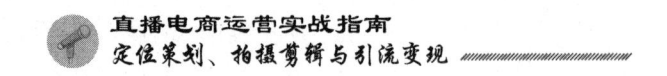

例如:"当你想结交一些比你更优秀的人时,你该怎么做?"

总之,好的推销员懂得用户的需求心理,短视频剪辑师也需要具备这样的素养。在剪辑短视频片头的时候,要充分抓住用户的意识和潜意识,从对方的看热闹心理、好奇心、追求价值的心理出发,使其从看视频的一开始,就因为其心理关注点被引发而继续观看后面的内容。

作品片尾:精彩收尾加强观感体验

一条完整的短视频必然有头有尾。但很多短视频草草收尾,观众在看完后总是因为结尾处的不完美的观感体验而心留遗憾,这样的短视频引流效果会大打折扣。

1. 高质量片尾的特点

什么才是高品质片尾呢?高品质片尾具备以下特点:

(1)收尾适宜

当整个短视频内容情节结束、问题解决、悬念澄清后,短视频就应当马上结束。

(2)留有余味

真正优质的短视频,不会随着内容的结束就戛然而止,而是给人们留下思考的空间、留下让人回味的空间。也就是说,虽然内容结束了,但其中蕴含的情感、思想、艺术感染力等依然存在,并没有因为内容形式的终止而终止。这样的短视频更容易在用户心中留下印象,久久不能忘怀。

2. 高质量片尾打造技巧

如何才能打造出高品质片尾呢?

(1) 交互式结尾

交互式结尾，就是在整条短视频结束时，用提问的方式与受众互动，让观众在评论区留言互动，表达自己的观点或意见，或者对下一段短视频的期待等。

比如：在短视频的结尾处，可以添加一条字幕，问观众对于短视频中的事情怎么看，有什么观点，或者支持哪一种做法。

(2) 共鸣式结尾

将能引起观众共鸣的内容放在短视频最后做片尾。这样的片尾非常适合那些传达亲情、友情、爱情、爱国情怀等情感类型的短视频，很容易让受众产生情感共鸣。

(3) 反转式结尾

将反转的内容作为短视频结尾，这样的结尾起到了对情节的加强作用，增加了叙事的魅力。更重要的是通过剧情最大限度地戏剧化，打破受众原本的预期，结局向着相反的方向发展，让受众感觉出乎意料。

比如：在给内容配文案的时候，可以用 AI 配音朗读，文案与视频内容形成反差，让人产生一种想要留言的冲动。

例如，有一条萌宠短视频，原本视频内容是三只古装打扮的金毛按顺序出场。剪辑师给这条视频配的文案是"珍珍、爱爱、莲莲，快出来撞天婚配女婿啦"。这样的文案与视频内容形成反差，瞬间将短视频的喜剧效果拉满。

通过剪辑给短视频收尾时，可以运用奇思妙想添加各种创意，只要能达到加强感官体验的效果，就是优质的片尾，就可以吸引更多的流量。

字幕添加：有益于用户理解和记忆

在后期剪辑操作中，添加字幕也是关键一环。短视频之所以需要添加字幕，是有原因的。

首先，让内容更易理解。由于短视频拍摄的过程中很容易受到外界嘈杂环境的影响，降低音效；再加上有时候可能会存在演员说话吐字不清晰的情况，或者剧情需要演员说方言。这时候，给短视频添加字幕，就可以让受众在观看短视频的时候对照字幕去看，能帮助观看者更好地理解视频内容。

其次，满足嘈杂环境下的观看需求。有时候，观众可能在比较嘈杂的环境，如公交、地铁上看短视频打发通勤时的无聊时间，这样的环境中声音过大会影响他人，声音过小根本听不清。字幕就很好地解决了这样的难题。有了字幕，即便静音，也能正确理解短视频内容。

再次，由于很多字词同音，只有通过文字与视频结合的形式将短视频呈现给受众，受众才可以更好地理解视频内容。

最后，有效增加点击率。加了字幕的视频，其被观看的次数要远多于未加字幕的视频。因为，如果你的短视频加了字幕，在用户搜索关键词的时候，系统就会很好地识别你的内容并为用户推荐，你的短视频也因此而大幅增加了点击率。

1. 字幕添加技巧

添加字幕往往是短视频的点睛之笔，人们更加愿意看有字幕的短视频。为短视频添加字幕需要掌握以下技巧：

（1）避免敏感词汇

字幕中如果出现敏感词汇，如暴力、赌博、迷信、恐怖、丑恶等词汇，短视频平台系统会视为内容违规。

（2）字与音画同步

添加字幕，要确保文字与声音、画面同步。切勿画面已跳转，声音已经结束，字幕才出现；也不要声音和画面还没出现，字幕已经结束。这样会让观众觉得云里雾里，给观众带来糟糕的感观体验。

（3）位置适合

通常，为了保证整个视频的美观，字幕最好放在视频底部居中的位置，而且字幕不可以遮挡住人物面部以及画面中的关键区域。

（4）字体合适

字幕中的文字要注意字体大小适中，要保证清晰、规范。字体过大占据画面空间太多，字体过小，观众看不清楚。

（5）字幕颜色与画面区分

在添加字幕时，要注重颜色的选择。为了避免画面与字幕之间的相互干扰，要选用与画面色彩有明显区分的颜色。

比如：如果画面是深色等明度较低的颜色，最好用白色字幕，以便更好地凸显字幕，让受众看清楚字幕。

（6）保持统一

短视频中所有的字幕，其位置、字体、字号、颜色要保持统一，否则影响美感。

2. 字幕添加方法

字幕添加方法有两种。

(1)手动添加

手动添加，即通过手动操作来添加字幕。具体操作在前文中讲剪映软件的时候已经讲过，剪映提供了多种字体、效果及字幕颜色，非常便捷。此处不再赘述。

(2)语音生成

除了手动添加，还有一种语音生成字幕的方法。语音生成就是在后期制作字幕的时候，借助相关剪辑软件的语音生成字幕的功能，轻松完成字幕添加。这种方法对于那些字幕过多的短视频而言，不失为一种捷径。

字幕在短视频剪辑工作中的重要性不言而喻，掌握字幕的生成方法和设置技巧，是每位剪辑师的一项必修课。

背景音乐：渲染氛围，传递不同情绪

短视频没有音乐和有音乐的效果差距较大。很多被人们公认为好看的短视频，其倍受好评的很大一部分原因是添加的背景音乐起到了渲染氛围、传递情绪的作用。背景音乐在短视频的剪辑优化中起关键性作用。

1. 背景音乐的作用

背景音乐的作用主要有以下三点：

第一，赋予短视频灵魂。只有内容没有背景音乐就没有灵魂。给短视频添加背景音乐后，短视频就拥有了灵魂，可以使短视频内容富有激昂跌宕的情绪。

第二，增加传播性。节奏感强的背景音乐，更加容易在广大用户中传播开来，吸引用户观看视频的同时，还能激发他们主动分享出去的热情。

第三，提升短视频品质。一首动听、与短视频主题相符的背景音乐，可以瞬间提升短视频品质。

2. 背景音乐添加技巧

背景音乐可以有效渲染短视频内容氛围，而且不同的背景音乐传递的情绪也有所不同。那么如何给短视频添加背景音乐，以达到情感表达效果的最优化呢？

（1）与主题内容相契合

如果在剧情发展的过程中，在动情之处插一段与之相配的背景音乐，则能使整个短视频的情感得到升华，更容易让人随着音乐而产生情感上的共鸣。

比如：一段内容为"碰瓷喵星人"的短视频，在配背景音乐时，要选择一些欢快的背景音乐，如"快乐恰恰"。在这首背景音乐的烘托下，整个短视频画面中的猫更萌、更具喜感。

（2）与内容节奏感一致

很多时候，短视频的情绪和节奏都是通过背景音乐带起来的。在添加背景音乐的时候，要注重与内容节奏感的匹配性。匹配程度越高，整体给人带来的感受越和谐。在配乐时，要事先全面梳理短视频内容，明确哪里是高潮点，哪里是转折点，以便在合适的地方配上合适的背景音乐，达到更加理想的配乐效果。

（3）巧借爆款音乐

在短视频平台上，我们经常会听到一些传唱度高的音乐，或是因为词曲蕴含的情感而走红，或是因为强劲的音乐节奏感而走红。这类音乐很受民众喜爱。选择那些与自己的短视频内容相符的爆款音乐做背景音乐，你的短视频也会因为背景音乐的火爆而获得较高的热度。

背景音乐看似没有短视频内容重要，却不可或缺。精心选择适合的背景音乐，可以使视频作品上升到一个新高度。

视频时长：用最适合的时长表达最完整的内容

短视频之所以称为短视频，其特点就是一个字"短"。在这个注意力稀缺的时代，人们很难有足够长的连续时间去做一件事情。为了迎合人们碎片化时间的特点，短视频应运而生。

以两大主流短视频平台为例，抖音普通用户短视频拍摄最长时长为15秒，可上传最长5分钟的短视频；快手平台上拍短视频的时长为11.5秒，可上传最长10分钟的视频。

通常，拍摄的时间要大于上传发布的短视频时长。这是因为在拍摄后期要给剪辑师留下一定的剪辑合成空间，最终确保经过剪辑加工后的成片能够符合各平台的短视频上传时长。

事实上，无论你的成片时长是多少，在满足平台要求的前提下，都应做好以下三件事：

1. 确保内容的完整性

在剪辑短视频的时候，在保证时长满足平台要求的情况下，要确保成片内容的完整性。这是一个最基本的要求。如果你的短视频没有完整的故事内容，即便剪辑水平再高，时间卡点再精准，你的短视频也属于不完整的半成品。

2. 有效传递核心价值

拍摄每一条短视频都有主题内容，都有要传递的核心价值。剪辑短视频时，除了保证精准的时长，还应当使得剪辑完成之后的视频中核心价值还在，确保短视频能向受众有效传递核心价值。否则，你前期拍摄的短视频将毫无意义。

3. 传递精简干练信息

短视频剪辑的目的就是要将那些拖沓、冗长、关联性不大的内容剪切掉，保留有用的信息，使其以精简、干练的新式呈现给观众。所以，在剪辑的过程中，在预期、可控的时长内，将短视频进行提炼和精剪，以便更加高效地将想要表达的信息传达给受众，满足他们短时间内获取干货信息的需求。

总之，短视频平台限制播放时长，是对内容剪辑者能力的一种考验。能在有限时间内将价值内容完整、干练呈现，才称得上短视频剪辑高手。

第六篇
引流变现：引流是过程，变现才是终极目标

第十三章 作品增流上热门的秘密

费劲心力打造的短视频，能如愿以偿上热门是再好不过的事情。但并不是每一条短视频都能成功上热门，获得理想的曝光量和点击量。短视频上热门是有技巧的，掌握作品上热门的技巧，也就掌握了短视频增流的密码。

指标权重：作品上热门的有效途径

抖音作品上热门靠的是质量而不是数量。很多人创作了很多短视频，但关注的人寥寥无几；有的人只发布了一条短视频，就吸引上万粉丝，点赞量、评论量、转发量也高。总之，抖音作品上热门，完播率、点赞量、评论量、转发量、关注度这五大指标权重很重要。

什么是指标权重？就是短视频的完播率、点赞、评论、转发、关注度这五大指标的分数。

那么该如何提升这五大指标权重来提升短视频上热门的概率呢？

1. 完播率

完播率就是用户完整看完你的视频的概率。高的完播率能够增加作品的权重。提高完播率可以采用以下方法。

第一，标题、封面吸引人。

第二，视频时长不要太长。只要突出重点，弱化次重点，能把视频内容说清楚即可。视频越长，越考验观众的耐心，完播率越容易降低。

第三，抓住前三秒黄金时间。要在开头的时候打造期待感，让观众有持续看下去的欲望，期待从你的内容中找到答案。

2. 点赞量

点赞量是作品指标权重之一。点赞量越高，短视频上热门的机会就越大。提升点赞量的方法如下：

第一，内容足够出色。群众的眼睛是雪亮的，内容是否精良，一眼便知。要想获得更多的点赞量，内容上下功夫是关键。

第二，引导点赞。最简单粗暴的方法就是在短视频结尾提醒用户为短视频点赞。

第三，群成员点赞。可以加入一些短视频玩法交流群，在这里不但可以分享短视频创作心得，还可以通过分享短视频获得群内成员的点赞，以此提升短视频的点赞量。

3. 评论量

提升评论量的方法如下：

第一，结尾引导评论。结尾用有互动性、争议性的问题提问，引导用户到评论区评论，提升短视频的评论量。

第二，营造评论氛围。及时回复用户在短视频下发布的评论，创造用户积极评论的氛围。

4. 转发量

提升转发量的技巧如下：

第一，内容传递价值。有价值的内容、能够给用户带来实实在在帮助的内容，自然能激发他们的主动转发热情。

第二，解决用户痛点。短视频内容能够挖掘用户特点，并为他们提供有效的解决方案，用户自然非常乐意将你的视频转发给有同样痛点需求的用户。

5. 关注度

关注度指标的提升方法有：

第一，蹭热点事件。每隔一段时间就会出现一条热点新闻事件，以这些热点事件为主题做内容，可以在短时间内吸引大量粉丝。但是一定要注重时效性，尽快发布。

第二，找熟人帮忙。想要快速提升关注量，一条捷径就是找自己熟悉的人关注短视频。当关注量达到一个值的时候，系统会将你的短视频判定为受大众欢迎的热门内容。

在以上五大指标中，对短视频权重影响程度依次排序为：播放量（完播率）＞转发量＞评论量＞点赞量＞关注度。

正确发布：把控时间和频率增加曝光量

短视频作品能否上热门，也取决于你的视频发布时间和发布频率。什么时间发布、多久发布，都十分有讲究。把控好发布时间和频率，可以有效增加视频曝光量，短视频更容易上热门。

1. 发布时间

短视频什么时候发更容易上热门？发布作品的时间段选择在用户浏览高峰期，即使用抖音人多的时间段。

（1）早上 7:00~9:00

这个时间段，大部分人在通勤的路上，他们会拿出手机刷短视频，打发时间。另外，即便不上班的人也醒来了，会在吃饭的碎片化时间段刷视频。早上这个时间段刷视频的人最多。

（2）中午 12:00~13:00

这个时间段是人们午休和用餐的休闲时间，人们通过刷短视频的方式来放松和愉悦一下。此时投放抖音短视频，是非常不错的选择。

（3）下午 16:00~18:00

人们在忙碌了一天后，基本完成了手里的工作，有时间观看短视频放松一下。这时也是下班的通勤时间，人们希望通过刷短视频找到一些有趣、有价值的东西来释放和提升一下自己。此时发布抖音短视频也是一个很好的选择。

（4）晚上 21:00~24:00

在这个时间段是人们晚饭后、睡前放松的闲暇时间，人们有充足的时间来享受真正属于自己的时间。同时也有很多夜猫子，他们难以入眠的时候就会打开短视频看一看。此时是绝佳的投放抖音短视频的时间段。

2. 发布频率

发布频率也需要理性把控。有的人喜欢在一天发布很多条短视频，认为发布那么多视频，总有一条会成为爆款而上热门。但这种发布频率并不可取。因为优质的短视频是需要花时间和精力打磨的，发布多条视频要花费很多时间和心力，导致作品难以做精做专，难以打造出优质短视频，更难以上热门。

正确的发布频率应该是一天发布一条短视频，或者两天发布一条短视频，这样可以有时间制作和优化短视频内容，打造出高质量作品，提升上热门概率。

凸显标签：引爆话题带来精准曝光

很多人希望经过前期策划、中期拍摄、后期剪辑、用心创作的短视频能够在发布后快速成为热门短视频，结果却是残酷的——播放量寥寥无几。究其原因，是其没有给短视频打上标签。给短视频贴内容标签，系统会将内容推荐给标签用户，进而让你的视频快速引流，上热门。

什么是内容标签？内容标签实际上就是内容的话题标签，通过系统与用户匹配，进而为你推荐流量。

比如：你发布的是美食教程视频，系统会根据"#美食教程"的内容标签，将你的短视频推荐给那些喜欢美食的用户。

1. 短视频贴标签流程

短视频如何贴标签？以抖音为例。

第一步：打开手机客户端抖音 App，点击下方中部的"■"按钮。

第二步：点击拍视频按钮进行拍摄，也可以直接从相册中选择事先拍好的短视频。点击"下一步"。

第三步：进入视频编辑页面后，输入短视频文案，然后点击"#话题"，系统会自动推荐相关话题标签，也可以自己输入想要的话题做标签。可以同时添加多个话题标签。编辑完毕之后，点击"发布"。

发布成功后，就可以在视频下方文案后面添加的话题标签内容，如图 13-1 所示。

图13-1　短视频添加话题标签

2. 话题标签添加技巧

给短视频添加话题标签可应用以下两个技巧：

（1）添加热门话题

在文案中添加热门话题，可以提升短视频的曝光量。热门话题标签分为两种：社会热点话题、行业热点话题、官方推荐话题。

①社会热点话题

社会热点话题是人们所熟知的话题，能够更好地吸引大众流量。热点新闻、节假日都属于社会热点话题，比如"#温暖中国年"。

②行业热点话题

每个行业也都有自己的热点话题，可以是行业动态，比如"#小米换Logo"，也可以是行业常备热点话题，如"#黑科技汽车"。

③官方推荐话题

短视频平台系统会根据你上传的内容，智能判断你的内容可能关联的话题内容，并为你进行智能推荐。可以直接选择并使用系统推荐的相关热点话题标签。一般应用官方的话题标签可以获得官方的推流，对你的作品上热门大有裨益。

比如：对于探店类短视频，官方智能推荐的热点话题标签可能是"#跟着抖音去探店""#抖音本地生活""#春日美食攻略"等。

（2）自建热门话题标签

如果是企业或商家，选择关键词做标签，或选择热门话题做标签，你的短视频都比较难出圈。最好的短视频热门标签就是根据自己账号和短视频的特点创建热门话题标签，吸引更多的用户参与，有效提升短视频的曝光量，达到快速上热门的目的。

比如：抖音平台上，账号"小米手机"中的一条短视频文案和标签是这样的："#小米Civi2潮流定制机全网开箱手法！这颜值你们觉得还行吗？"

使用标签可以帮助你的短视频获得精准曝光，有助于你的短视频上热门，但最基本的一点还是要保证你的视频质量非常好，否则你的短视频很容易被其他视频挤下去。

抖音"DOU+"：付费推广将作品推荐给更多用户

如果说其他短视频上热门的方法是免费的，那么通过"DOU+"渠道上热门则是需要付费的。

"DOU+"是抖音推出一个视频加热专用工具，通过支付相应费用后，可以使用"DOU+"给视频"加热"，将视频推荐给更多感兴趣的用户群体，让短视频获得更多的曝光量，帮助短视频快速上热门。

当然，除了可以给自己的短视频投放"DOU+""加热"，还可以通过别人帮助为你的短视频进行"DOU+""加热"。在当前免费流量越来越少的情况下，如果有条件的话，可以通过这种付费推广的方式获取流量。

抖音直播也可以通过投"DOU+"的方式为直播间"加热"，能够增加直播间热度、曝光度，从而带来更多的观众进入直播间，为商家解决直播间人数少、粉丝量少、冷启动等难题。

1."DOU+"优势

"DOU+"的产品优势包括：

（1）操作便捷

"DOU+"投放门槛低，人人都可以投"DOU+"引流。投资金额分别有30元、100元、200元、500元、1000元，投放金额还可以进行自定义，最低投放金额为30元。投放金额越多，投放效果越好。用户可以在手机端直接操作，随需随投。

（2）目标多元

"DOU+"投放可以选择"点赞评论量""粉丝量"两种，可以根据自己的需求选择。

（3）实时监测

在投放"DOU+"期间，可以实时看到"DOU+"投放后带来的数据情况，可以根据这个数据判断是否需要加投。

2."DOU+"上热门流程

第一步：打开抖音手机App，点击"我"。

第二步：在"作品"中选择并点击你想要投"DOU+"的短视频。

第三步：点击右侧栏的"…"，在最下边一栏中找到并点击"DOU+"。

第四步：进入"'DOU+'上热门"页面后，在"我想要"中选择你想要提升的数据类型，可以选择"点赞评论量"，也可以选择"粉丝量"，根据需求选择。在"我的推广设置是"下方选择投放金额，如图 13-2 所示。

第五步：点击"支付"即可。

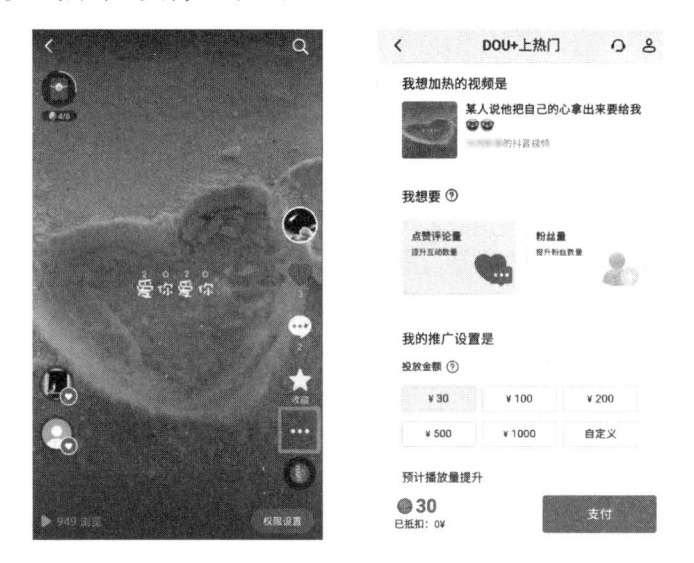

图 13-2 "DOU+"上热门流程

抖音"DOU+"带来的投放效果是显而易见的。学会投放"DOU+"，你的视频作品也能成为别人眼中的热门作品。

平台挑战活动：趣味挑战让作品爆发式传播

抖音作品上热门的一个最直接的方法就是参与抖音话题挑战活动。抖音官方会不定时发起挑战活动，用户也可以自主发起挑战活动。发起挑战活动的短视频，可以吸引大众关注并参与挑战，使作品呈爆发式传播，有效提高作品的曝光量，增加短视频上热门的概率。

1. 发起挑战活动的商业价值

发起挑战活动对于用户来说，具有以下商业价值：

（1）全流量入口

借助大众的从众心理，短视频发起挑战活动，可以引发人们的互动热情，模仿积极性强，能使你的短视频获得大量曝光。再加上官方活动一般都会有流量倾斜，参加挑战活动会获得平台流量推荐的加持，可以为你的短视频带来更多的流量。可以说，发起挑战活动是一个巨大的全流量入口。

（2）节省时间成本

如果有适合自己的挑战赛，我们完全可以跟着挑战赛的思路去模仿和创作，这样有效节省了短视频结构框架的构思成本。

（3）具有长尾效应

挑战赛一经发起，热度会不断增加，最终参与量和播放量会达到一个平稳状态。但总体上看，随着时间的推移，你的短视频播放量与参与量在不断积累，视频流量也在不断增加，这些因素都可以推动你的短视频快速上热门。尤其对于品牌方而言，发布的挑战赛短视频能在上热门后带来流量和销量的双丰收。

2. 发起挑战活动的类型

发起挑战活动一共有三种类型：

（1）抖音普通话题挑战赛

个人可以直接添加话题发起挑战赛。普通话题挑战赛只有一个话题名，不显示话题头像。这类话题记忆点较少，对于品牌宣传来讲，并没有多大优势。不适合品牌发起。

（2）抖音活动话题挑战赛

这类话题在发起之后，可以设置话题头像和话题描述，可以让人们看到头像和话题描述。人们在看到发起的挑战话题后，会对你的话题有更多的记忆点。这种话题挑战方式适合于品牌。目前，这种形式是品牌选择最多的话题挑战形式之一。

（3）抖音极速话题挑战赛

对于这种话题挑战，我们可以编辑的内容更多，受众能产生更多的记忆点，更加适合品牌去做。这种形式的挑战赛相比前两种对品牌而言是非常抢手的流量资源。

3. 发起挑战活动的操作

发起挑战活动的操作如下：

第一步：打开抖音手机客户端 App，点击下方的"➕"按钮，拍摄短视频或者从相册上传事先拍好的短视频。

第二步：点击右侧栏对应的挑战图标，就可以发起挑战。同时输入想要发起挑战的话题。如果不知道想要什么，可以点击下方系统给出的相关挑战主题，选择适合的话题作为挑战主题。设置后，点击右上角的"完成"即可。

第三步：设置挑战主题后，点击"下一步"，进入发布页面后，做好标题添加、文案撰写等工作后，点击"#话题"，输入之前设置的挑战话题；如果想邀请朋友参与话题挑战，就点击"@朋友"选择你想要邀请挑战的朋友，可以同时邀请多个朋友。然后点击右上方的"完成"，如图13-3所示。

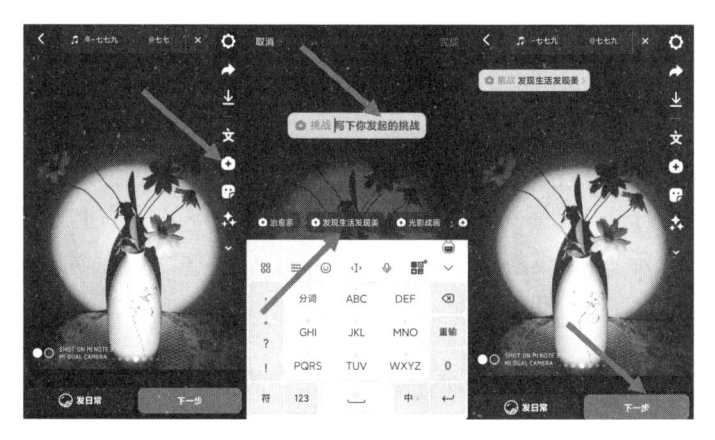

图 13-3

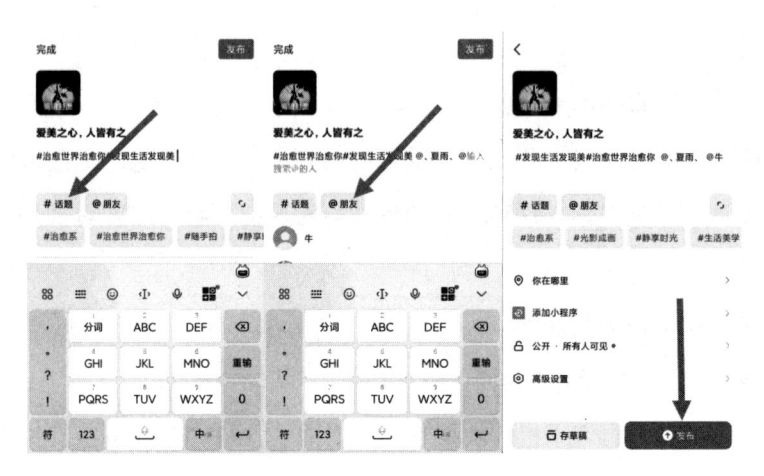

图 13-3　发起挑战话题

4. 参与挑战活动的操作

参与挑战活动有三个渠道，其操作分别如下：

（1）搜索栏话题入口

第一步：打开抖音手机客户端 App，点击右上方的"🔍"图标。

第二步：进入后输入挑战赛话题，拖动搜索栏下边的功能板块，找到并点击"话题"就可找到相关话题，点击"立即参与"，就可以拍摄短视频参与挑战。

第三步：拍摄完短视频后，点击"下一步"，在文案编辑页面就可以看到你要挑战的话题自动生成，发布的时候，要@挑战赛发起者账号名称，最后点击"发布"即可。

（2）创作者服务中心入口

第一步：打开抖音手机客户端 App，点击"我"，点击右上方"≡"。

第二步：在新的页面中，点击"创作者服务中心"，点击"全部"。

第三步：点击"全民任务"。

第四步：在"全民任务"页面找到挑战赛话题，在了解任务玩法后，点击"立即参与"即可拍短视频参与挑战。

第五步：拍摄完短视频后，点击"下一步"，在文案编辑页面就可以看到你要挑战的话题自动生成，发布的时候，要@挑战赛发起者账号名称，最后点击"发布"即可。

（3）发起者或其他参与者个人主页入口

第一步：打开抖音手机客户端App，找到挑战赛发起者或其他参与者个人主页入口。

第二步：点击短视频页面上的"挑战+话题"，在出现的新窗口下方，点击"加入挑战"。

第三步：页面跳转后，拍摄相关短视频。

第四步：拍摄完短视频后，点击"下一步"，在文案编辑页面撰写文案，发布视频的时候，要@挑战赛发起者账号名称，最后点击"发布"即可。

5. 参与挑战活动的技巧

短视频要想上热门，就要多参与平台挑战。参与技巧如下：

第一，要参与那些适合自己风格的挑战。

第二，要选择那些持续时间更长的挑战。因为持续时间越长，你的短视频曝光时间越长，能上热门的概率越大。

第三，视频内容要与挑战项目相关，两者关系越贴合，获得平台的推荐流量越多。如果视频内容与挑战话题驴唇不对马嘴，硬上挑战，不但难以获得推荐流量，还会使受众反感，得不偿失。

第十四章　短视频带货多样化变现玩法

做短视频，流量变现是硬道理。大部分创作者在经过前期运营积累了大量粉丝后，最终都会开通商铺橱窗，走上带货之路。短视频带货是短视频变现的一个重要方式，即通过带货获得佣金或者盈利。

直接"种草"产品

短视频带货变现的一个常见变现模式就是将产品植入短视频中，通过短视频展示产品，向受众"种草"产品，借助短视频的传播和影响力，吸引消费者购买。

直接"种草"产品，就是在短视频中单刀直入地讲解产品，并通过真实使用体验从感官上刺激受众，让受众感受到产品的显著功效。与此同时，还会阐述产品价值，激发用户积极购买。

这种短视频带货方式通常表现为开箱测评、产品试用、好物分享等。

例如：一条好物分享带货短视频内容是这样的："最近发现了一款好用的居家产品。就是这个兼具储物功能的高颜值凳子。这款凳子有多种颜色，材质经磨耐用，……是一款居家实用好物。"如图14-1所示。

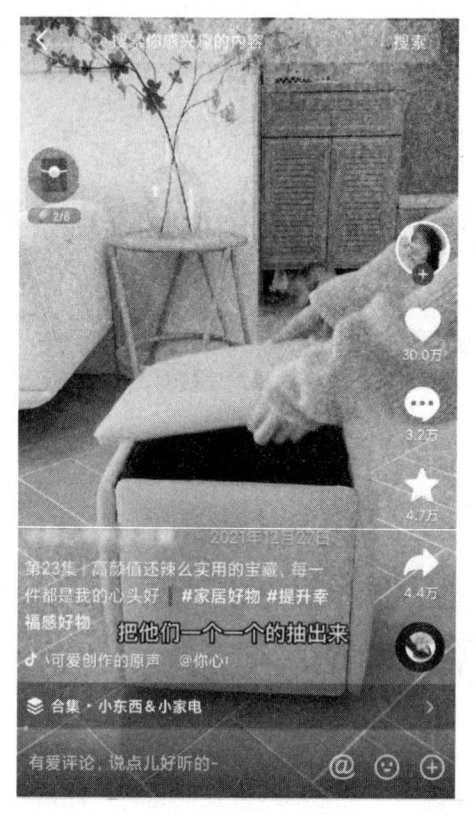

图 14-1 好物分享——直接"种草"产品

这种带货方式直截了当，只做产品介绍即可，一方面能节省构思文案的时间，另一方面能快速吸引用户关注。

采用这种方法带货，需要注意的是：

1. 产品要有突出的亮点

在如今产品同质化严重的时代，很多产品在功能、外观上大同小异。只有在短视频中重点突出产品的亮点，才能激发人们的购买兴趣，并让人们产生想拥有的急切感，否则产品的点击率和购买率很难提升。因此，植入的产品一定要选择有突出亮点的产品。

2. 产品特点与用户需求相匹配

不同的用户有不同的产品需求，在选品的时候，要根据你的短视频和账号所吸引的用户群体来确定。

比如：你的粉丝群体是爱美年轻女性，那么你的橱窗中可以选择一些护肤、美妆、健美器械、服饰等产品；如果你的目标群体是爱车的年轻男性，就可以选择将一些时尚、前卫感十足的汽车周边饰品植入短视频。

3.充分考虑产品的时效性

很多产品具有时效性，其销量会受到季节的影响而发生变化。在旺季是热销品，在淡季就成了滞销品。植入产品选品还应考虑商品的季节性变化，最好选择应季产品。如冬天可以在视频中植入一些防寒保暖的商品，如保暖手套、帽子、围巾、保温壶等；夏天可以植入一些防暑神器，如防晒霜、防晒衣、防晒帽、遮阳伞等。否则，就要选择一些一年四季都可以用到的产品，如鞋刷、垃圾袋、洗衣液、签字笔等日常快消品。

4.从抖音好物排行榜中选品

抖音有一个好物排行榜，榜单上是抖音当天热销的商品。有很多类别的商品非常畅销，如美妆护肤、居家日用、食品饮料、趣味玩具等，这类产品销量更好。你可以根据自己账号的定位，选择榜单下对应的热销品植入短视频。

剧情演绎植入

很多短视频是有内容丰富的剧情的，在进行产品带货时，就围绕产品打造内容，将产品植入故事情节。受众在观看剧情的时候，也就在不经意间关注了产品，这样使产品在不经意间提升了曝光度。

这种短视频带货方式，产品通常在搞笑剧情、励志剧情、日常生活等中出现。

例如：一段短视频的剧情是这样的：同事 A 问同事 B，最近压力大，有没有什么解压神器。同事 B 给了同事 A 一款捏捏乐解压玩具。同事 A 直呼真的好解压。

这段剧情就很好地将产品融入其中，让那些同样有工作、生活压力的人也想拥有同款产品。

这种带货方式下，短视频剧情内容要与产品相关联而且相贴合。整个视频中，产品看似是一个简单的道具，却是整个短视频中真正的"主角"。整段剧情都是为了更好地突出产品的优势，吸收观众购买。

总之，短视频带货，短视频剧情品质是一个重要方面，商品与短视频的契合度也是一个重要因素。前者关系流量的多寡，后者关系变现的能力，要做到品质和契合度"两手都要抓，两手都要硬"。

才艺展示中植入

如果没有好的短视频内容构思，没有足够的时间去搭建与产品有关的内容，那么还有一种方法，就是博主在展示自己才艺的过程中植入产品，使产品与表演无缝融合。

这类短视频带货方式通常适用于音乐（植入乐器）、舞蹈（植入与舞蹈有关的服装、道具等）、专业技能类短视频，如图 14-2 所示。

图 14-2　才艺展示中植入产品

才艺展示中植入产品，必须确保才艺表演的专业性与观赏性。如果才艺不能吸引人，就难以通过才艺凸显出产品的高品质，更无法吸引人们购买，难以达到高转化率的目的。

借使用场景植入

每一件产品都有其特定的使用场景。在借助短视频宣传带货的时候，可以使用通过场景宣传的方式。

1. 产品直接使用场景中植入

在制作短视频时，可以打造与产品直接使用场景相似的拍摄场景或还原其使用场景，在场景中展示产品，能给人以身临其境感，也能增加说服力，建立与用户之间的信任，让用户放心购买。

比如：为厨具带货，那么短视频场景就应当选择厨房。一条短视频的内容是这样的：孩子想要吃妈妈手工制作的蒸蛋糕，妈妈在厨房拿着一根手动打蛋器，在那里十分费力地搅拌鸡蛋，花了好长时间都没有搅拌到理想状态。爸爸看到了，便把新买的电动打蛋器拿给了妈妈，打蛋效果肉眼可见。

2. 产品在特定场景中植入

如何理解产品在特定场景中植入？我们经常会在电视剧中会看到产品植入，比如在家庭场景中，会有电冰箱、饮料等产品入镜。这些能够在特定场景中出现的产品，可以说是无孔不入。正是这种植入方式，使得人们在看电视剧的时候也将产品的品牌形象留在了脑海中。短视频带货中，将产品植入特定场景，就是这个意思。

在使用场景中植入产品，凭借强烈的代入感深度链接用户心智，构建起用户使用场景的转化，因此能快速收割流量，达到潜移默化推广产品的效果，可以说是一种非常高效的带货方式。

产品组合侧面烘托

每一件产品与其他产品之间都会有直接或间接的关联。做产品营销，就要懂得深挖产品潜在优势，以及与其他产品之间的潜在关联性，还要懂得产品在使用时可能会产生的应用场景。

这一点完全可以借鉴到短视频带货中。可以通过短视频进行侧面烘托制造话题，以此展示产品。这一方法的重点在于，做侧面烘托的产品必须与带货产品有一定的关联性。

比如：做美妆类视频带货，在视频中向受众展示一款腮红，就要搭配使用眼影、口红之类的彩妆产品，去烘托腮红的使用效果，以此体现腮红的价值。

这种带货方式的绝妙之处在于：单件产品本身的效用、功效并不能很好地突出和体现，和其他相关联产品组合使用才能让受众看到产品效果，进而引发受众的交易行为。这种短视频带货方式非常值得借鉴。

实体店铺导航引流变现

实体店铺导航引流的操作流程前文已有详细介绍。在短视频中通过实体店铺导航，也是一种重要的短视频带货方式。

实体店铺通过短视频导航方式实现引流带货，需要掌握以下要点：

1. 短视频品质第一

实体店铺通过短视频导航方式实现引流带货，显然短视频充当着一种媒介的角色，可以帮助实体门店树立一个良好的品牌形象，以此吸引消费者关注，并激发他们到线下实体店铺消费。但这种带货方式必须保证短视频的品质，这是其能够吸引消费者关注的关键所在。

2. 确保内容与门店定位一致

在拍摄短视频时，不可随性而为，而是要根据实体门店的业务确定拍摄主题，保证短视频内容与门店定位一致。

3. 迎合短视频受众喜好

虽说内容为王，但内容最终面向的还是广大受众。在围绕实体店业务拍摄短视频时，还要注意门店客户群体的特点和喜好，以便向有需求的客户精准推广。精准推广才能实现精准引流，才能有效提升变现率。

比如：为一家美甲店做短视频带货，可以在短视频开头就切入主题，表明想要传达的信息。内容文案可以这样写："爱美之心人皆有之。爱做美甲的女同胞们有福啦。西城的一家美甲店，上百种颜色、款式随便选……让我们一起变美吧。"

实体店与短视频接轨已经成为经营标配，短视频正成为实体店引流的有效渠道，为实体店拓宽了变现路径，赢得了可观的收入。实体门店借助短视频实现线上引流、线下核销，打造了完美闭环，这是线下实体门店生意转型的必经之路。